AF626484

Bernard Jakoby *Trost und Hilfe aus dem Jenseits*

Bernard Jakoby

Trost und Hilfe aus dem Jenseits

Gespräche mit Verstorbenen

nymphenburger

IMPRESSUM

Alle Angaben in diesem Buch erfolgen nach bestem Wissen und Gewissen. Sorgfalt bei der Umsetzung ist indes dennoch geboten. Der Verlag und der Autor übernehmen keinerlei Haftung für Personen-, Sach- oder Vermögensschäden, die aus der Anwendung der vorgestellten Materialien, Methoden oder Informationen entstehen könnten.

MIX
Papier | Fördert gute Waldnutzung
FSC® C083411

© 2019 nymphenburger in der
F. A. Herbig Verlagsbuchhandlung GmbH, Stuttgart
Franckh-Kosmos Verlags-GmbH & Co. KG,
Pfizerstraße 5–7, 70184 Stuttgart
kosmos.de/servicecenter
Alle Rechte vorbehalten
Wir behalten uns auch die Nutzung von uns veröffentlichter Werke für Text und Data Mining im Sinne von §44b UrhG ausdrücklich vor.
Umschlaggestaltung und Umschlagmotiv: Studio LZ, Stuttgart
Autorenfoto S. 224: Elisabeth Wiltschnig
Projektleitung: Dr. Stefan Raps
Lektorat: Monika Riedlinger
Satz: Satzwerk Huber, Germering
Druck und Binden: CPI books GmbH, Leck
Printed in Germany
ISBN 978-3-485-02936-0

Auch als ebook

www.nymphenburger-verlag.de

Inhalt

Einleitung

Studien belegen, dass eine große Anzahl von Menschen authentische Begegnungen mit Verstorbenen erlebt hat. Diese sogenannten Nachtodkontakte sind immer noch ein stark tabubesetztes Thema, wobei die Erforschung dieses Bereichs noch nicht so weit fortgeschritten ist wie die der Nahtoderfahrungen. Die Vielfalt derartiger Begegnungen mit Verstorbenen verweist auf ein Leben nach dem Tod.

Judy und Bill Guggenheim, ein Forscherteam, das sich seit vielen Jahren mit Begegnungen mit Verstorbenen auseinandersetzt, definiert Nachtodkontakte als »eine spirituelle Erfahrung, bei der ein Mensch direkt und spontan von einem verstorbenen Familienangehörigen oder Freund kontaktiert wird«[1]. Es sei darauf verwiesen, dass ein Nachtodkontakt eine unmittelbare und spontane Erfahrung ist, an der kein Dritter, wie zum Beispiel ein Medium, beteiligt ist. Der Verstorbene kontaktiert die lebende Person direkt.

Nachtodkontakte wurden lange Zeit von der Psycho- und Trauertherapie als Halluzinationen abgetan. Das trug dazu bei, dass Trauernde ihre Erlebnisse für sich behalten haben, aus Angst, für verrückt gehalten zu werden oder Wunschvorstellungen aufgesessen zu sein. Für die Betroffenen selbst besitzen Nachtodkontakte aber einen hohen Stellenwert. Sie helfen dabei, den Verlust eines nahestehenden Menschen anzunehmen und zu verarbeiten. Wirken also positiv.

Die Begegnung mit einem Verstorbenen spendet Trost und Frieden und vermag so manchen Schmerz zu lindern. Viele Menschen empfinden sie als großes, gnadenvolles Geschenk. Sie wissen dann, dass die Verstorbenen nach wie vor um uns sind und dass wir nicht von ihnen getrennt sind. In neueren Studien zeigt sich, dass derartige Erfahrungen ein enormes therapeutisches Potenzial besitzen, das den Trauerprozess positiv beeinflusst.

Nachtodkontakte zeigen, dass beim Sterben und nach dem Tod viele Menschen in ähnlicher Weise Begegnungen mit Verstorbenen erleben. Diese Phänomene werden von den Hinterbliebenen als absolut authentisch erfahren. Darüber hinaus sind Nachtodkontakte mit den sogenannten Sterbebettvisionen verbunden. Sterbebettvisionen sind geistige oder außersinnliche Wahrnehmungen Sterbender. Diese sprechen davon, Verstorbene, Verwandte oder Freunde gesehen zu haben, die sie in Empfang nehmen wollten. Manche sprechen auch davon, das Licht wahrgenommen zu haben.

In meinem letzten Buch »Das Tor zum Himmel« habe ich mich intensiv mit Jenseitserfahrungen und Gottesbegegnungen in den breit dokumentierten Todeserlebnissen auseinandergesetzt. Auffällig ist trotz der unterschiedlichen Erlebnisweisen, die die Betroffenen schildern, die Echtheit dieser Begegnungen, die keiner der Betroffenen infrage stellt. Sterbende berichten davon, von vorangegangenen Angehörigen in Empfang genommen worden zu sein. In den gemeinsamen Todeserfahrungen, dem sogenannten Mitsterben, begleiten Angehörige im außerkörperlichen Zustand den Verstorbenen bei seinem Übergang in die andere Seinsdimension. Diese Erlebnisse bieten tiefe Einblicke in das, was wir alle

beim Sterben erleben werden. Auch in den Nahtoderfahrungen wird sehr häufig über Wiederbegegnungen mit Verstorbenen berichtet.
Das bedeutet, dass Nachtodkontakte ein reales Erleben sind und dass es sich weder um Imaginationen noch um Fantasieprodukte eines Trauernden handelt. Zeichen der Präsenz von Verstorbenen hat es zu allen Zeiten, in sämtlichen Kulturen und Religionen gegeben. Verstorbene machen uns darauf aufmerksam, dass es keine Auslöschung des menschlichen Bewusstseins gibt. Das vermag für manchen Trauernden sehr tröstlich zu sein und verweist gleichzeitig auf das Potenzial, festgefahrene Denkkonzepte über die Wirklichkeit der anderen Welt zu verändern.
Die Vielfalt und Häufigkeit des Auftretens derartiger Phänomene lässt den Schluss zu, dass Verstorbene die Möglichkeit haben, mit uns in Kontakt zu treten. Die Zeichen der Präsenz eines Verstorbenen sind sehr subtil. Deswegen werden sie häufig nicht als solche erkannt oder es macht den Erlebenden Angst, da sie Derartiges vorher nicht für möglich gehalten haben. Das ändert nichts am empirischen Auftreten der Nachtodkontakte, die stets starke spirituelle Aspekte enthalten.
Betroffene erlangen nicht selten die Gewissheit, dass es nach dem Tod weitergeht. Verstorbene Angehörige sind häufig die Ursache für innere Impulse, die uns inspirieren oder Sinnesmanifestationen bewirken, z.B. durch konkrete Erscheinungen im Traum.
Nachtodkontakte treten häufig zeitnah nach dem Tod eines Menschen auf oder bereits im Augenblick des Todes. Die Forschung hat aufgezeigt, dass Begegnungen mit Verstorbenen auch noch viele Jahre später spontan

auftreten können. Das zeigt sich auch in den Visionen der Sterbenden. Das alles sind Belege dafür, dass die geistige Welt nicht verschlossen ist und sie auf vielfältige Weise mit uns in Kontakt tritt.

Geistwesen oder Verstorbene können mit uns auch in telepathischen Kontakt treten und Botschaften übermitteln. Je mehr wir uns der Präsenz der geistigen Welt öffnen, umso intensiver kann sich der Kontakt gestalten. Ein Kontakt mit einem Verstorbenen kann natürlich auch über ein Medium erfolgen, durch deren Hellsichtigkeit, Feinfühligkeit oder Hörfähigkeit. In zahlreichen medialen Zeugnissen wurde die Existenz der jenseitigen Welten belegt.

Verstorbene treten überwiegend mit Menschen in Kontakt, mit denen sie zu ihren Lebzeiten in einem sehr nahen Verhältnis standen. Nachtodkontakte werden über verschiedene Sinne erlebt, wobei sie in ihrer Ausgestaltung und Intensität stark variieren. Dabei ist es möglich, mehrere Formen von Nachtodbegegnungen gleichzeitig zu erleben: So kann die Gegenwart eines Verstorbenen intensiv gespürt werden, da er durch eine körperliche Berührung auf sich aufmerksam macht, was gleichzeitig mit dem vertrauten Geruch des Verstorbenen verbunden ist, den man plötzlich wahrnimmt.

Generell lässt sich die Aussage treffen, dass das Ziel der von den Verstorbenen ausgehenden Kontakte darin besteht, die Trauernden zu trösten und sie bei der Verarbeitung des Verlustes zu unterstützen. In den Nachtodkontakten erhalten wir die klare Botschaft, dass das Leben nach dem Tod fortbesteht. Die meisten teilen mit, dass es ihnen gut geht, dass wir uns keine Sorgen machen sollen. Andere versprechen, immer bei uns zu sein, dass sie auf

uns achtgeben werden und wir uns wiedersehen werden.
Von nicht positiven Botschaften wird nur selten berichtet, die meisten Aussagen Verstorbener sind beruhigender Natur. Nicht so häufig werden Einzelheiten und Beschreibungen der jenseitigen Welt durchgegeben. Normalerweise haben die Kontakte eine kurze Dauer und betragen nur wenige Minuten. Sie verweisen darauf, dass Liebe den Tod überwindet. Viele Betroffene erkennen ihr Dasein aus einer neuen, umfassenderen Perspektive und fühlen sich eingebunden in ein größeres Ganzes, das einen ganz neuen Sinn gibt.
Im Gegensatz zu den Nachtodkontakten handelt es sich bei den Nachtodkommunikationen um regelmäßige, über längere Zeiträume andauernde Botschaften Verstorbener, die ihre Erlebnisse in der jenseitigen Welt direkt einem Empfänger durch eine innere Stimme oder durch die Zuhilfenahme eines Mediums telepathisch übermitteln. Das Phänomen der Nachtodkommunikation tritt in den letzten Jahren immer häufiger in Erscheinung. Zu lesen in entsprechenden Blogs im Internet, die sich großer Beliebtheit erfreuen, oder in Büchern, die zu diesem Thema erschienen sind.
Die Inhalte dieser Durchgaben informieren uns detailliert über die Entwicklung der Seele nach dem Tod. Ergänzt wird das Jenseitswissen durch Nahtoderfahrungen oder Sterbeerlebnisse. In diesem Buch werde ich zunächst die Vielfalt der auftretenden Formen von Nachtodkontakten durch Beispiele und neue Forschungserkenntnisse der letzten Jahre dokumentieren. Ich werde aufzeigen, dass alle Nachtodkontakte energetischen Ursprungs sind und wie Verstorbene durch Ener-

gietransformation mit uns in Kontakt treten. Insbesondere interessieren natürlich auch die intensiveren Kontakte, die in einer Mischform unterschiedlicher Phänomene auftreten.

Dann werde ich mich mit der direkten telepathischen Nachtodkommunikation auseinandersetzen. Dabei ist es äußerst verblüffend, wie sich die Aussagen über das Leben nach dem Tod, über Gott oder die beständige Präsenz himmlischer Helfer überschneiden. Dieses Wissen hilft dabei, den Tod als Freund zu betrachten, wie auch die Angst vor dem Leben abzubauen.

Ergänzt wird das vermittelte Jenseitswissen durch die Aussagen und Erfahrungen bekannter Medien auf der ganzen Welt. Der Mensch hat sich offensichtlich von seiner Scheu oder religiös-dogmatisch verhängten Sperre, ja nicht mit der geistigen Welt in Kontakt zu treten, emanzipiert. Die Bandbreite zeitgenössischer Aussagen von Medien über das Fortleben nach dem Tod sowie die Beweisführung tatsächlicher Kontakte mit Verstorbenen ist in einer Vielzahl medialer Biografien auf dem Buchmarkt präsent. Viele dieser Bücher wurden zu internationalen Bestsellern. Wir verfügen heute über tiefe Einblicke in die geistigen Welten und erfahren, was Ziel und Sinn unseres Lebens sind. Wir sind nicht alleine, uns stehen Legionen von himmlischen Helfern zur Verfügung, wenn wir sie darum bitten.

1. KAPITEL

Die Erforschung der Nachtodkontakte

Allgemeines

Nachtodkontakte vermögen den Abgeschiedenen eine Stimme zu geben, die uns dabei behilflich sein kann, mehr über den Tod und das Jenseits zu erfahren. Die Vielfalt der Kontaktformen verweist darauf, dass das menschliche Bewusstsein den Tod überlebt. Dass Bewusstsein unabhängig vom Körper existiert, wurde vor allem durch die intensive Nahtodforschung der letzten Jahre belegt.

Dennoch haben viele Menschen Angst vor einer Begegnung mit der geistigen Welt oder sie zweifeln an der Möglichkeit, Kontakte mit Verstorbenen erleben zu können. Letztlich misstrauen sie oft ihrer eigenen Wahrnehmung oder halten sich für das Opfer von Sinnestäuschungen. Viele glauben immer noch, Wunschvorstellungen aufgesessen zu sein, besonders dann, wenn sie vorher nicht an ein Leben nach dem Tod geglaubt haben. Nachtodkontakte sind vor allem subtiler Natur und werden daher von manchen Erlebenden in Frage gestellt. Eine Frau erzählte in einem Seminar von der subtilen Begegnung mit ihrer verstorbenen Mutter:

»Meine Mutter verstarb nach einem langen Krebsleiden und war nur noch ein Schatten ihrer selbst. Es war sehr schwer für mich, sie so leiden zu sehen. Ihr Tod erschien mir wie eine Erlösung. Ich glaubte nicht an ein Leben nach dem Tod, bis ich eines Abends ihre Gegenwart und Nähe spürte. Ich wusste, das ist meine Mutter. Doch wirklich annehmen konnte ich das Erlebnis nicht sofort. Ich sprach mit einer Freundin darüber, die mich sogar verlachte. Einige Tage später hatte ich einen lebhaften Traum, in dem mir meine Mutter erschien. Ich sah, dass sie wieder jung und schön war. Alle Spuren ihrer Erkrankung waren verschwunden. Sie nahm mich in ihre Arme und versicherte mir, dass es ihr gut gehe. Ich empfand Liebe und Wärme, die sogar noch nach dem Aufwachen anhielt. Dadurch erkannte ich, dass meine Mutter mir immer noch zur Seite steht.«

Diese Art von Skepsis hat mit der weit verbreiteten Sichtweise zu tun, dass etwas nur dann als real anzusehen ist, wenn wir es mit unseren Körpersinnen beobachten können oder die Informationen durch Messinstrumente an die Sinnesorgane weitergegeben werden können. Geistige Wirklichkeiten jedoch sind dem Verstand und den körperlichen Sinnen nicht zugänglich, obwohl wir alle bewusst oder unbewusst ständig von himmlischen Helfern oder Verstorbenen umgeben sind.

Wir bleiben durch Liebe immer mit den Vorangegangenen in Verbindung, unabhängig davon, wo sie sich in der jenseitigen Welt aufhalten mögen. Nachtodkontakte lassen sich nicht erzwingen, sie geschehen einfach und gehen von einem spezifischen Verstorbenen aus, der mit uns in Kontakt treten will, um Zeichen seiner Gegenwart zu vermitteln. Der Tod ist niemals das Ende einer Beziehung, da Liebe keine Grenzen kennt. Die Beziehung zu einem Verstorbenen muss von der vormaligen körperlichen Präsenz verwandelt werden in eine innere geistige Beziehung.

Dann wird der Verstorbene ein Teil der eigenen Innenwelt. Das ist die wesentliche Aufgabe im Trauerprozess, an der jedoch viele verzweifeln, da natürlich vor allem die körperliche Präsenz vermisst wird. Alle irdischen Pläne oder Wünsche lassen sich nicht länger realisieren, wie auch alle Vorstellungen von einer gemeinsamen Zukunft zunichte geworden sind. Das ist natürlich auch den Verstorbenen bewusst. Deswegen versuchen sie in vielfältiger Weise, Zeichen ihrer Präsenz zu vermitteln.

Die Verstorbenen sind nach wie vor um uns und wir sind nicht von ihnen getrennt. Wir sind nie alleine, weder im Sterben, noch im Leben, obwohl uns das als Menschen in vielen Situationen unseres Lebens so erscheinen mag. Wir alle sind Träger des göttlichen Funkens, dem tiefsten Kern unserer Persönlichkeit, dem höheren, unverkörperten Selbst, das uns ein Leben lang und darüber hinaus begleitet und unterstützt, wenn wir das wahrnehmen können.

Das ist die direkte Verbindung zur geistigen Welt und zu Gott, die jedem von uns innewohnt. Durch diesen Kanal treten die Verstorbenen mit uns in Kontakt. Das sind stets subtile Annäherungen eines präsenten Wesens, die auf Impulsen der inneren Stimme oder der Intuition beruhen. Je mehr wir uns unserer Innenwelt öffnen, können wir die Gegenwart eines spezifischen Verstorbenen spüren. Das hat auch mit Vertrauen zu tun. Wenn wir die Ausstrahlung eines Verstorbenen spüren, wissen wir ohne den geringsten Zweifel, dass diese Person sich in unserem Umfeld befindet.

Die vielfältig dokumentierten Nachtodkontakte verweisen darauf, dass die Identität eines bestimmten Verstorbenen zweifelsfrei erkannt wird. Das ist verbunden mit einem Gefühl von Wärme und Liebe, das sich von innen nach außen ausbreitet. Ein Wohlgefühl von Geborgenheit stellt sich ein. Das Erleben ist derartig intensiv, dass eine geistige Verschmelzung in einen erweiterten Bewusstseinszustand münden kann, also in ein leichtes Losgelöstsein vom Körper. Einen derartigen Bewusstseinszustand können wir nicht selber herstellen. Das ist ein eindeutiges Zeichen für die Authentizität des Erlebens eines Nachtodkontaktes.

Studien

Begegnungen mit Verstorbenen wurden durch die Jahrtausende in unzähligen Dokumenten festgehalten. Diese Phänomene sind verbunden mit der Vorstellung der geistigen Unsterblichkeit des Menschen, eines Jenseits und des Lebens nach dem Tod. Die bekannteste Nachtoderscheinung der Weltgeschichte ist das Sterben und die Auferstehung von Jesus Christus im Neuen Testament. Jesus demonstrierte durch seinen Tod die Aufhebung aller Trennung durch die Einheit mit Gott. Das Leben wird ins Licht transformiert, durch das Gott sich offenbart als reine Kraft der Liebe, in die alles und jeder eingebunden ist. Nach seiner Auferstehung offenbart sich Jesus in körperlicher Gestalt, als gefühlte Gegenwart, oder er erscheint als Lichtgestalt in geistiger Form. Das alles sind Aspekte von Nachtodkontakten, wie sie bis heute erlebt werden.

Nachtodkontakte entziehen sich einem streng wissenschaftlichen Zugriff. Wenn wir sie erforschen wollen, sind wir auf die persönlichen Berichte und Erfahrungen von Menschen angewiesen, die Grundlage jeder empirischen Forschung. Derartige Phänomene lassen sich weder unter Laborbedingungen produzieren, noch sind sie in irgendeiner Weise messbar.

Ich halte seit Jahrzehnten Vorträge und biete Seminare über alle Aspekte des Sterbens. Dabei ist es außerordentlich auffällig, wie viele Menschen das dringende Bedürfnis verspüren über ihre Nachtodkontakte zu sprechen. Sobald in einer Gruppe jemand davon berichtet, wird das stets zu einem allumfassenden Thema im Seminar.

Es zeigt sich immer wieder, dass die plötzliche Gegenwart eines Verstorbenen viele Erlebende verunsichert. Erst recht, wenn sie vorher nicht an ein Leben nach dem Tod geglaubt haben, also einen Kontakt für unmöglich hielten. Andere reagieren ängstlich und zweifeln an ihrer Wahrnehmung. Hinzu kommt das Unverständnis und die Zurückweisung, die manche im eigenen Familien- und Bekanntenkreis erfahren.

Nachtodkontakte sind nach wie vor ein absolut tabubesetztes Thema, obwohl Millionen von Menschen alleine in Deutschland intensive Nachtodphänomene erlebt haben. Wir können heute davon ausgehen, dass über die Hälfte der jeweiligen Bevölkerung eines Landes nach dem Tod eines Angehörigen eindeutige Zeichen ihrer Präsenz erhalten.

Die Angst und Unsicherheit blockiert die Betroffenen. Statt ihr Erleben als Geschenk eines Verstorbenen zu betrachten, verhindert die Angst sich bewusst zu machen, dass Verstorbene uns trösten und beistehen wollen.

Ängste spiegeln die innere Zerrissenheit des Menschen wider. Verstorbene versuchen auch über den Tod hinaus, Unerledigtes zu klären, damit sie, wie auch die Angehörigen, ihren Frieden finden können.
Viele sehnen sich nach greifbaren und sichtbaren Zeichen, die dann aber, wenn sie spontan auftreten, entweder nicht als solche erkannt, als nicht ausreichend abgetan oder als unheimlich wahrgenommen werden. Begegnungen mit Verstorbenen sind flüchtig, subtil und wenig fassbar, was zu den ambivalenten Reaktionen führt. Die Absicht der Verstorbenen liegt darin, uns von Angst zu befreien und uns Mut und Zuversicht zu bringen. Niemals wollen sie uns verängstigen.
Nachtodkontakte sind von intuitiver Natur und häufig mit einem leicht erweiterten Bewusstseinszustand verbunden. Ihr Zielort ist das Herzbewusstsein, der innere Kern des Menschen. Das setzt Offenheit und die Bereitschaft voraus, sich auf die geistige Präsenz einzulassen. Das ist auch mit telepathischer Gedankenübertragung verbunden. Es ist der Verstand, das Ego, das den Kontaktversuch eines Verstorbenen blockiert, da der menschliche Verstand geistige Wirklichkeiten nicht erfassen kann und das Unbekannte fürchtet. Es ist wichtig, einen Kontakt einfach zuzulassen.
Viele Menschen wissen innerlich, dass sie einen echten Kontakt mit einem Verstorbenen erlebt haben. Doch in meinen Veranstaltungen zeigte sich, dass viele erst im geschützten Rahmen bereit sind, offen darüber zu sprechen. Die Teilnehmer sind oft sehr erstaunt, dass so viele andere Menschen ähnliche Erfahrungen gemacht haben. Es erfordert großen Mut, über die eigenen Erlebnisse und Unsicherheiten zu sprechen. Wir sind noch weit ent-

fernt von einem entspannten Umgang mit Tod und Sterben. Die Erkenntnisse der Sterbeforschung sind durch die Lähmung und die Hilflosigkeit im Umgang mit dem Tod keineswegs im Bewusstsein einer breiten Öffentlichkeit angekommen und es ist noch erhebliche Aufklärungsarbeit vonnöten.

Historische Forschung

Der Mensch ist seit jeher fasziniert von der Vorstellung, dass Verstorbene wiederkehren können, um mit ihren Angehörigen in Kontakt zu treten. Die kritische Erforschung derartiger Phänomene setzte erst Ende des neunzehnten Jahrhunderts ein. Nur wenige Wissenschaftler gingen diesen Geschichten nach, bis sich die Society of Psychical Research (SPR) in London herausbildete. Damals schlossen sich die bedeutendsten Wissenschaftler jener Zeit zusammen, um sich ernsthaft mit dem Phänomen des Lebens nach dem Tod auseinanderzusetzen.
Frederic Myers, Edmund Gurney, Arthur Conan Doyle und Henry Sidgwick bildeten Untersuchungsausschüsse, in denen verschiedene Formen übersinnlicher Phänomene untersucht wurden. Neben den Berichten von Medien über ihre Kontakte mit Verstorbenen wurden die Bereiche Telepathie, Spuk oder Besessenheit untersucht. Vor allem sammelte die SPR Fälle von spontanen Kontakten mit Verstorbenen.
1886 erschien das zweibändige Werk »Phantasms of the Living« (Geistererscheinungen bei Lebenden). Bis heute gilt diese Studie als ein Meilenstein parapsychologischer Forschung. Die gesammelten Fälle legen nahe, dass der

Mensch ein unsterbliches Wesen ist. Schon damals waren die Forscher überrascht von der Häufigkeit spontaner Begegnungen mit Verstorbenen.
Ein typischer Fall aus dieser Sammlung ist der Bericht über Elizabeth Conley, deren Vater plötzlich verstorben war: »Ich glaube, sie hatte den Traum oder die Vision etwa zwei Tage nach unserer Rückkehr. Sie behauptete, ihr Vater sei ihr erschienen und habe ihr gesagt, dass sich in der inneren Tasche seines Unterhemdes ein Geldbetrag befände. Ihr Bruder fuhr einige Tage danach nach Dubuque und fand die Kleider, wie wir sie dort zurückgelassen hatten, und in der erwähnten Tasche fanden sich 30 Dollar.«[2]
Jeder einzelne Fall dieser Berichte wurde sorgfältig geprüft und die Erkenntnisse, die damals herauskristallisiert wurden, sind bis heute wiederkehrende Fakten, wie sie in den Nachtodkontakten erlebt werden. Die Existenz der Nachtodphänomene ist unbestritten. Während beider Weltkriege – man bezeichnete damals derartige Phänomene als Krisenerscheinungen – traten Abermillionen Abgeschiedene im Augenblick des Todes oder kurz danach mit ihren Angehörigen in Verbindung: Uhren blieben zum Zeitpunkt des Todes stehen, Klopfgeräusche wurden vernommen, selbst schwerste Gegenstände wurden bewegt, die in Assoziation zu einem bestimmten Verstorbenen stehen. Bilder fielen von der Wand oder Lichterscheinungen wurden wahrgenommen.
Diese Phänomene haben sich in das kollektive Bewusstsein eingebrannt und werden in vielen Familien bis heute weitergegeben. Durch die gewaltigen traumatischen Auswirkungen des Zweiten Weltkrieges wurden die Erlebnisse häufig verdrängt. Wir könnten heute ganze Bib-

liotheken damit füllen, denn sie wurden in einer Vielzahl biografischer Berichte, in Tagebüchern oder Kalendern festgehalten. Nachdem so viele Menschen durch den Krieg ums Leben gekommen waren, wollte sich die sich erneuernde deutsche Nachkriegsgesellschaft nicht länger mit Tod und Sterben auseinandersetzen.

Das Phänomen der Nachtodkontakte konfrontiert uns mit dem Fakt, dass es keine eindeutigen wissenschaftlichen Antworten auf die durch spirituelle Erfahrungen aufgeworfenen Fragen gibt. Betroffene jedoch sind sich aufgrund ihres persönlichen Erlebens absolut sicher, dass diese Kontakte real sind und dass es nach dem Tod weitergeht.

Neuere Erkenntnisse

1990 schrieb D. Scott Rogo, ein bekannter amerikanischer parapsychologischer Forscher und Autor:

»Entweder kurz vor oder nach dem Tod eines Menschen wurde dessen sichtbare Gestalt von einer befreundeten oder verwandten Person, die in einer entfernten Stadt oder in einem anderen Land lebte, wahrgenommen. In manchen Fällen wusste der Zeuge nicht, dass der Verstorbene krank gewesen war, ein anderes Mal wurde das Phantom von zwei Menschen gleichzeitig gesehen.«[3]

Raymond Moody schrieb in der Einleitung zu seinem Buch »Blick hinter den Spiegel« (1993), das sich mit Begegnungen mit Verstorbenen auseinandersetzt:

»Schon lange vor Anbeginn historischer Aufzeichnungen fanden Erlebnisse mit Erscheinungen von Verstorbenen Eingang in die Sprache und Folklore der Kulturen aller Welt. Und selbst heute sind solche Wiederbegegnungen erstaunlich häufig. Eine Reihe von in medizinischen und anderen wissenschaftlichen Zeitschriften veröffentlichten Untersuchungen ergaben, dass ein hoher Prozentsatz trauernder Hinterbliebener Visionen von verstorbenen Personen hat und dass Witwen sogar zu 66% ihr verstorbener Ehemann erscheint.«[4]

Moody kommt zu dem Schluss, dass die meisten Nachtodkontakte eher positiv erlebt werden. Sie sind ein bleibender Trost für alle, die sie erleben.

1997 erschien die bis heute wichtigste Studie über Nachtodkontakte: »Trost aus dem Jenseits. Unerwartete Begegnungen mit Verstorbenen« von Bill und Judy Guggenheim. Über einen Zeitraum von sieben Jahren befragte das Ehepaar über 2000 Personen telefonisch, in persönlichen Gesprächen oder mit standardisierten Fragebögen nach ihren Kontakten mit Verstorbenen.

Sie klassifizierten erstmalig in der Fachliteratur die unterschiedlichen Formen, in denen Nachtodkontakte auftreten. Damit werden wir uns im weiteren Verlauf des Buches noch näher beschäftigen. Die Guggenheims stellten eindeutig fest, dass es sich in den meisten Fällen um echte Begegnungen mit Verstorbenen handelte. Noch heute finden sich auf ihrer Webseite www.after-death.com interessante Artikel und Erkenntnisse.

Etwa zur gleichen Zeit befasste sich die australische Soziologieprofessorin Cherie Sutherland ebenfalls mit Nachtodkontakten, allerdings spezifisch mit den »Tröstlichen Begegnungen mit verstorbenen Kindern«. Sie konnte zahlreiche Eltern dazu bewegen, ihre Erlebnisse mitzuteilen. 1998 erschien ihre Studie auch in Deutschland.

Das größte Internetarchiv über Nachtodkontakte wird von dem amerikanischen Onkologen Jeffrey Long geleitet, der auch ähnliche Forschungen über Nahtoderfahrungen durchführte (www.adcrf.org).
Dennoch werden Nachtodkontakte nach wie vor von vielen Menschen und Wissenschaftlern mit großer Skepsis betrachtet, trotz der nachweislich positiven Auswirkungen auf die Erlebenden. Die Existenz der Kontakte nach dem Tod implizieren, dass es danach weitergeht und Bewusstsein unabhängig vom Körper existiert. Derartige Erlebnisse sind heute hauptsächlich in Büchern über Trauer integriert.

Trauertherapie

Viele Trauerberater betrachten Nachtodkontakte immer noch als Halluzinationen oder Wunschvorstellungen der Trauernden, obwohl sie ein integraler Bestandteil des Trauerprozesses sind. Sigmund Freud prägte wie kein anderer das wissenschaftliche Verständnis der Trauer. Trauerarbeit bedarf eines Ablösens der Libido vom Verstorbenen mit dem Ziel einer emotionalen Befreiung. Indem der Verstorbene losgelassen wird, kann der Trauernde seinen Prozess abschließen. 1917 schrieb Freud in seinem berühmten Aufsatz »Trauer und Melancholie«:
»Worin besteht nun die Arbeit, welche die Trauer leistet? Die Realitätsprüfung hat gezeigt, dass das geliebte Objekt nicht mehr besteht und erlässt nun die Aufforderung, alle Libido aus ihren Verknüpfungen mit diesem Objekt abzuziehen. Tatsächlich wird aber das Ich

nach Vollendung der Trauerarbeit wieder frei und ungehemmt.«[5]

Das strikte Loslassenmüssen beherrschte jahrzehntelang alle therapeutischen Ansätze. Psychologen und Spezialisten für Trauerbegleitung deuteten Nachtodkontakte auf rein psychologischer Basis als Wunschvorstellungen. Ein Therapeut, der reale Erlebnisse eines Patienten nicht akzeptieren kann, da sie nicht in sein Weltbild passen, kann keinen Therapieerfolg erzielen. Viel eher löst er Verzweiflung aus, wenn er Nachtodkontakte als ein Verlangen nach Wiedervereinigung mit dem Verstorbenen interpretiert und die auftretenden Phänomene als Halluzinationen oder Wunschvorstellungen diskreditiert.

Nachtodkontakte widersprechen den gängigen Trauertherapien und die Erlebniswirklichkeit der Klienten wird als ein Akt des Nichtloslassenkönnens interpretiert oder gar als psychische Störung. Dahinter steht die Unfähigkeit mancher Psychologen oder Psychiater, den realen geistigen Erhalt derartiger Erfahrungen zu erkennen und zu akzeptieren. Das ist im Grunde genommen weltfremd, aber bezeichnend dafür, dass besonders in Deutschland spirituelles oder geistiges Erleben mit großem Argwohn betrachtet wird und allzu schnell als Einbildung oder Verrücktheit abgetan wird.

Wenn ein Mensch einen anderen tief geliebt hat, sollte es jedem klar sein, dass wahre Liebe nicht losgelassen werden kann. Nur weil jemand gestorben ist, endet die Liebe nicht. Im Gegenteil: Liebe verbindet uns über alle irdischen Begrenzungen hinweg mit der geistigen Welt. Die Beziehung zum Verstorbenen muss verändert werden, damit er ein Teil der eigenen Innenwelt wird. Das gelingt umso mehr, wenn durch Nachtodkontakte dem

Trauernden Mut, Trost und Hoffnung gespendet werden. Das ermöglicht, den Tod als Umwandler zu erkennen, damit der Verlust integriert werden kann. Nachtodkontakte führen zu der Gewissheit, dass der Verstorbene nach wie vor um uns ist und auch seine Liebe als Präsenz in der Innenwelt spürbar bleibt.

Die Beschwörung, loslassen zu müssen, widerspricht dem tiefsten Wunsch von Trauernden, bei schweren Verlusten den Verstorbenen in ihrem Inneren zu bewahren, um eine innere Beziehung weiterzuleben. Liebe ist die einzige wahre allumfassende Wirklichkeit im Diesseits wie im Jenseits. Sie endet nie und kann unmöglich losgelassen werden.

Diese neuen Einsichten in die Dynamik der Trauer beinhalten, dass die Verbindung zum Verstorbenen weiterbestehen darf, da dies ein integraler Bestandteil gesunder Trauer ist. Dennis Klass wies in seiner bahnbrechenden Studie »Continuing Bonds« (1996) nach, dass zahlreiche Hinterbliebene in einer inneren Beziehung zum Verstorbenen bleiben.

Das zeigt in aller Deutlichkeit, dass es einen fließenden Übergang der transzendenten Realität in unsere innere Erlebniswelt gibt. Jeder Mensch trägt den göttlichen Funken des höheren Selbst in sich, das Verbindungsglied zwischen Jenseits und Diesseits. Durch diesen Kanal manifestieren sich die unterschiedlichen Formen von Nachtodkontakten, da wir durch unsere Liebe immer mit den Verstorbenen in Verbindung bleiben.

In Deutschland wurden die neuen Einsichten wenig rezipiert. Erst Roland Kachler entwickelte 2005 einen neuen Ansatz in der Trauerarbeit und veröffentlichte sein Buch »Meine Trauer wird dich finden«. Kachler, ein Psychotherapeut für Trauerbegleitung, spürte nach dem Unfalltod seines 16-jährigen Sohnes, dass Loslassen ihn nicht von seinem Schmerz befreite. Er erkannte, dass Trauerarbeit ein kreativer Beziehungsprozess ist, der zu einer inneren Beziehung zum Verstorbenen führt. Der Platz des Verstorbenen ist in uns. Roland Kachler schildert in seinem Buch eine Traumbegegnung mit seinem Sohn, die ihm die tröstliche Gewissheit vermittelte, dass er in seinem innersten Kern weiterlebt:

»Nur ein kurzes, aber ungeheuer dichtes und tröstliches Traumbild: Ich umarme meinen Sohn, ganz nahe. Unsere Köpfe liegen nahe beieinander. Wie nah. Wie sehr ich meinen Sohn drücke. Dann sage ich: »Komm, lass uns gemeinsam lernen.« Und der Traum sagt mir, dass ich und mein Sohn nach seinem Tod ungeheuer viel lernen müssen. Wir müssen lernen, uns in neuer Weise zu begegnen, in neuer Weise zu lieben.«[6]

In unseren tiefsten inneren Schichten ist eine Kontaktaufnahme, die stets von Verstorbenen ausgeht, immer möglich. Das erfordert Vertrauen in die inneren Impulse und Wahrnehmungen. Nachtodkontakte bestärken das Gefühl der Angehörigen, dass sie durch Liebe und Führsorge von den Verstorbenen weiterhin begleitet werden. Zahlreiche Studien belegen, dass Begegnungen mit der Anderswelt innerhalb weniger Minuten zu therapeutischen Veränderungen führen, Trost bringen und den Schmerz lindern, was sonst erst nach Monaten oder Jahren eintreten würde.

In diesem Gesamtkontext sei abschließend darauf verwiesen, dass der Amerikaner Alan Botkin Mitte der 90er Jahre ein neues Verfahren zur Trauer- und Traumabewältigung entwickelt hat: IADC, Induced After Death

Communication, also eingeleitete Nachtodkommunikation. Sein Buch »Zwischen Trauer und Versöhnung. IADC: Therapeutische Kommunikation mit Verstorbenen – Heilung von Schuld und Trauma« erschien 2009 in Deutschland.

Botkin arbeitete mit schwer gestörten Kriegsveteranen und verwendete EMDR, eine Traumatherapiemethode. Durch Augenbewegungen, die therapeutisch angeleitet werden, wird eine Verbindung zwischen dem Klienten und seinem innerseelischen Trauma hergestellt. Während einer Sitzung mit einem Kriegsveteranen kam es zu seiner großen Überraschung zu einem Nachtodkontakt. Das Vorgehen innerhalb dieser Therapieform führt zu einer empfänglichen Haltung, die eine spontane Verbindung zu einem Verstorbenen ermöglicht.

Die Begegnung mit dem Verstorbenen findet unabhängig vom Therapeuten statt, überraschend und plötzlich. In der psychotherapeutischen Arbeit zeigte sich, dass auch innerhalb einer Sitzung die Nachtodkontakte immer vom Verstorbenen ausgehen.

Juliane Grodhues ließ sich von Botkin als IADC-Therapeutin ausbilden und praktiziert seit 2006 in Saarbrücken (www.iadc-therapie.de). Grodhues resümiert ihre Erfahrungen:

»Feststellen lässt sich soweit nur Folgendes: Es scheint, dass sowohl spontane als auch eingeleitete Nachtodkontakte natürlich auftretende Phänomene sind, die die Selbstheilungskräfte des Menschen anregen … Es ist die Erfahrung des Heilseins, der Liebe und des Mitgefühls, die Präsenz tiefen inneren Friedens während und nach den IADC-Erfahrungen.«[7]

Was im Augenblick des Todes erlebt wird

Der Augenblick des Todes ist ein spezifischer Moment, der das innere Wesen des Menschen freisetzt. Das wurde in der Fachliteratur häufig dadurch umschrieben, dass die Raupe zum freien Schmetterling wird. Das Bewusstsein verlässt den Körper, die Hülle, den Kokon und geht über in eine andere Form des Seins, in dem alle körperlichen und geistigen Begrenzungen überwunden sind.
Jeder erlebt den Übergang, den wir Tod nennen, auf seine eigene individuelle Weise. Die erste Erfahrung ist, dass sich der Verstorbene als ganz und heil empfindet, schmerzfrei ist und eine unmittelbare Kontinuität seines Ich-Bewusstseins erlebt. Das Erden-Ich geht über in eine unbegrenzte Form des Seins, wobei Raum und Zeit als Kategorien menschlicher Orientierung aufgelöst sind. Alles wird gleichzeitig zugänglich und die irdische Linearität ist aufgehoben.
Der Verstorbene nimmt alles wahr, was sich im Umfeld seines Todes ereignet, und kann sich in Gedankenschnelle überall hinbewegen. Manche versuchen, sich bemerkbar zu machen, stellen aber fest, dass sie für die Anwesenden unhörbar und unsichtbar geworden sind. Dieses Erleben wird sehr häufig in den Nahtoderfahrungen beschrieben.
Diana machte eine Raftingtour, wobei das Boot durch Stromschnellen kenterte. Sie wird unter Wasser gedrückt, verliert ihr Bewusstsein und verlässt ihren Körper. Sehr präzise beschreibt sie ihre Wahrnehmungen:
»Das Nächste, was ich mitbekommen habe, ist, dass ich

plötzlich dreißig Meter über dem Fluss war und auf das Raft hinuntersah … Ich beobachtete meinen Mann … Er sah so aus, als sei er drauf und dran, ins Wasser zu springen und mich zu suchen. Plötzlich war ich neben ihm und versuchte, ihn davon abzuhalten … Als ich nach ihm fasste, glitt meine Hand geradewegs durch ihn hindurch. Ich schaute meine Hand an und dachte: Oh mein Gott, ich bin tot!«[8]

Das Bewusstsein erfährt einen Wandel der Perspektive und des Verständnisses, da es in ein allumfassendes höheres Bewusstsein eingeht. Bewusstsein existiert unabhängig vom Körper, was sich auch im obigen Beispiel zeigt. Alles im sichtbaren und unsichtbaren Universum ist Bewusstsein, die Urenergie der Liebe, die alle Informationen enthält.

Jeder Einzelne von uns ist ein unverwechselbares, individuelles Wesen, weswegen jeder Mensch die Welt in seiner spezifischen Art und Weise wahrnimmt. Deswegen ist das Erleben des Übergangs in die geistige Welt sehr unterschiedlich, da es durch die persönliche Denk- und Vorstellungskraft geprägt ist. Wir begegnen zunächst den persönlichen Ängsten, Wünschen und Gedanken, durch die wir das, was wir in der anderen Welt erleben, selbst erschaffen. Durch das nun erweiterte Bewusstsein stehen wir in Resonanz zur individuellen Gedankenwelt, die sich nun unmittelbar manifestiert.

Was wir erleben werden, ist das Ergebnis der eigenen Wahl, was auch bedeutet, dass wir mit ungelösten Konflikten der eigenen Innenwelt konfrontiert sind. In jedem Fall erleben wir einen energetischen Übergang aus der irdisch-menschlichen Dimension in eine nicht physische Ebene des Seins.

Das kann Orientierungslosigkeit hervorrufen, besonders dann, wenn starke Widerstände gegen das Sterbenmüssen vorhanden sind oder jemand das Leben nach dem Tod nicht für möglich gehalten hat. Das kann dazu führen, in eine Dunkelheit oder Leere gezogen zu werden, bis sich der Erlebende bewusst wird, dass er nach wie vor lebendig ist und um Hilfe bittet. Das ist nicht die objektive Wirklichkeit des Jenseits, sondern ein vorübergehender Bewusstseinszustand. Wer sich direkt dem aufscheinenden Licht zuwendet, spürt Liebe, Wärme und Geborgenheit.

Als Menschen sind wir alle in das höhere göttliche Bewusstsein eingebunden. Unser Bewusstsein ermöglicht es, den hinter allem stehenden EINEN GEIST zu erkennen. Wir sind nicht der Körper, sondern ewige geistige Wesen. Durch das Erleben der Bewusstseinserweiterung sind wir im Stande Dinge, an die wir denken oder auf die wir uns fokussieren, gleichzeitig zu erfassen. Das wird ständig in den Nahtoderfahrungen erlebt.

Die Erlebenden haben Zugang zu einem Wissen, das über die irdischen Sinneswahrnehmungen nicht zugänglich wäre. Alles in der geistigen Welt ist Bewusstseinsenergie, die aus Informationen, Liebe und Licht besteht. Wir sind ein Aspekt, ein Teil des EINEN GEISTES, der hinter den Masken des irdischen Lebens für viele verborgen ist, obwohl wir nie von IHM getrennt sein können. Dazu prägnante Aussagen aus den Nahtoderfahrungen:

»Als ich in SEINE Augen sah, wurden mir alle Geheimnisse des Universums enthüllt. Ich weiß, wie alles funktioniert, weil ich IHM einen Augenblick lang in die Augen geschaut habe. Alle Geheimnisse des Universums, das gesamte Wissen aller Zeiten, einfach alles.«

Es ist sehr schwer, sich die Verschmelzung mit dem Licht und allem Wissen oder den Geheimnissen des Universums vorzustellen. Howard Storm, der eine ultimative Nahtoderfahrung erlebte, schreibt dazu:

»Menschen mit Nahtoderfahrungen haben Begegnungen mit dem Licht derart beschrieben, dass sie vollkommenes Wissen besaßen. Aber wenn man sie fragt, woran sie sich noch erinnern können, sind das immer nur wenige Einzelheiten, falls sie überhaupt noch etwas wissen. Und so war das auch bei mir. Während der Erfahrung hatte ich das Gefühl, mit allem in Verbindung zu sein, aber danach konnte ich mich an das Wissen nicht mehr erinnern. Und für einige Zeit in der Gegenwart des großen Lichtes war ich jenseits aller Gedanken. Den Austausch, der in dieser Zeit stattfand, in Worte zu fassen, ist mir nicht möglich. Einfach ausgedrückt könnte ich sagen, ich erfuhr, dass Gott mich liebt.«[9]

»Ich verstand (ich verwende dieses Wort, weil ich es eigentlich nicht gehört habe), dass die farbigen Tropfen die Erfahrungen aller waren, die gelebt hatten. Die Erfahrungen existierten als einzelne Bestandteile und gehörten doch zum Ganzen. Das Ganze war das kollektive Wissen aller.«[10]

Virginia erlebte eine Gotteserfahrung:

»Ich weiß von diesem Austausch nur noch zwei Dinge. Erstens, dass Gott mir sagte, es gebe nur zwei Dinge, die wir mitnehmen können, wenn wir sterben: Liebe und Wissen. Also soll ich über beides so viel wie möglich in Erfahrung bringen. Zweitens sagte mir Gott, ich könne nicht bleiben, weil ich noch etwas zu erledigen habe.«

Es ist also für die Betroffenen sehr schwer, das Wissen, das sie in ihrer ganzheitlichen Außerkörperlichkeit erfahren haben, im Irdischen zum Ausdruck zu bringen, zumal es dafür keine Worte gibt.

2. KAPITEL

Die unterschiedlichen Formen der Nachtodkontakte

Wie Verstorbene den Kontakt zu uns herstellen

Bevor wir uns nun mit den vielfältigen Phänomenen der Nachtodkontakte beschäftigen, möchte ich versuchen zu erklären, wie Verstorbene den Kontakt zu uns herstellen.

Alles Sein, alles, was ist, ist Energie und lässt sich auf den EINEN göttlichen Geist zurückführen, in den wir eingebunden sind, als ewiges geistiges Wesen, als Teil eines Ganzen. Alles Geschehen ist also reine Energie, die viele unterschiedliche Formen annehmen kann, z.B. Licht, Klang, Wärme, Liebe, etc. Energie leitet sich aus Wärme und Bewegung (Schwingung) her und kann niemals verloren gehen.

Alle Energieformen haben drei Gemeinsamkeiten: Eine Frequenz (Schwingung), eine Wellenlänge und ein Farbspektrum. Deswegen besteht alle Materie aus Energie, die Licht und Information ist. Alle Energie hat ihren Ursprung in der Quelle des Schöpfers. Deswegen sind wir mit allem anderen Sein verbunden, wo immer wir uns aufhalten mögen. Somit ist uns keinerlei Wissen verschlossen. Wir sind ein energetischer Code und strahlen bewusst oder unbewusst fortwährend Informationen aus oder vermögen sie auch zu empfangen. Es gibt unterschiedliche Frequenzen von Energie: höher und niedrig schwingende. Höher schwingende Bewusstseinsformen (Verstorbene) können zu jeder Zeit mit Menschen in Kontakt treten. Das ist natürlich abhängig davon, inwieweit ein Hinterbliebener offen für die Präsenz eines Verstorbenen ist.

Wenn wir das Zustandekommen der Nachtodkontakte verstehen wollen, ist es wichtig, sich bewusst zu machen, dass es sich um energetische Phänomene handelt. Geistwesen sind ungebunden und nicht länger durch einen Körper begrenzt. Sie sind reine Energie, allerdings auf einer weitaus höheren Schwingungsfrequenz als auf der Erde. Deswegen sind Verstorbene für uns meistens unsichtbar. Raum und Zeit existieren in der anderen Welt nicht länger, wodurch alles gleichzeitig und allgegenwärtig zugänglich ist.

Wenn Verstorbene mit uns in Kontakt treten, senken sie ihre Schwingung so weit herab, dass sie in den sichtbaren Teil des elektromagnetischen Feldes, das uns alle umgibt, eintauchen. Durch den starken Wunsch, ein Zeichen von einem Verstorbenen zu erhalten, erhöhen wir unsere eigene Empfangsbereitschaft. Diese wird, je mehr wir unser Herz öffnen können, immer größer.

Es ist für Geistwesen nicht immer leicht, ihren Angehörigen Zeichen ihrer Präsenz zu vermitteln. In der materiellen Welt und durch die Dichte und Begrenzung des Körpers ist die Schwingung an sich sehr niedrig. Wenn der Energielevel durch zu starke Trauer noch mehr abgesenkt wird, ist es noch schwieriger für die Verstorbenen, uns zu erreichen. Das erklärt, warum manche keine Zeichen erhalten und andere gleich mehrere. Viele bemerken die Zeichen einfach nicht. Verstorbene wollen uns trösten und aufzeigen, dass wir nicht von ihnen getrennt und sie nach wie vor um uns sind. Geistwesen können jede beliebige Form annehmen: Sie können sich physisch manifestieren, alt aussehen oder als Kind erscheinen, sie können ein Lichtstrahl oder eine Lichtkugel sein oder durchscheinend wirken.

Geistwesen lenken ihre Bewusstseinsenergie konzentriert auf den Menschen, mit dem sie in Kontakt treten wollen. Dadurch stellt sich ein Gegenwartsgefühl ein und die spezifische, individuelle Ausstrahlung eines Verstorbenen wird eindeutig von den Empfängern identifiziert. Liebe und Nähe werden gefühlt. Je mehr wir unser Bewusstsein erhöhen und ausdehnen, umso intensiver ist das Erleben. Gerlinde berichtete mir:

»Ich hatte meinen Mann durch eine Krebserkrankung verloren. Er starb mit nur 45 Jahren, und es war sehr schwer für mich, seinen frühen Tod zu akzeptieren. Ich konnte oft nicht schlafen. Immer wieder saß ich nachts verzweifelt in der Dunkelheit des Wohnzimmers, als ich eines Abends, wie aus dem Nichts, die Nähe Georgs spürte. Das war verbunden mit einer Wärme und Liebe, die mich von innen nach außen ergriff. Ich empfand seine Gegenwart als euphorischen Schwebezustand, der sehr lange anhielt. Ich hatte das Gefühl, dass seine Liebe meinen Schmerz heilt. Georg tröstete mich telepathisch und sagte, dass er immer in meiner Nähe sei. Ich könne darauf immer vertrauen. Ich fand die Kraft wieder, weiterzumachen.«

Verstorbene erinnern sich nach ihrem Übergang wieder daran, wie sie mit Menschen und Dingen in Beziehung treten können. Jeder wird sich auf seine individuelle

Weise den ganz anderen Gegebenheiten der geistigen Welt anpassen. Energietransformation ist die Voraussetzung für eine Kontaktaufnahme. Nach dem Tod ist es notwendig, das Wissen um diese Fähigkeit wieder zu erinnern. Manche erkennen das unmittelbar nach ihrem Übergang und kontaktieren Angehörige schon im Augenblick ihres Todes. Andere erinnern sich nicht mehr, wie das geht, und müssen es neu lernen. Sabine berichtete:

»Mein Vater war vor einigen Wochen gestorben und ich fragte mich ständig, wie es ihm wohl ging. Ich hatte neben seinem Foto eine Kerze angezündet. Plötzlich bemerkte ich, dass die Kerzenflamme unregelmäßig zu tanzen begann. Das erstaunte mich, da es nicht die geringste Quelle einer Luftströmung in dem Raum gab. Gleichzeitig spürte ich die Anwesenheit meines Vaters. Ich fragte mich, ob es möglich wäre, über die Kerze mit meinem Vater zu kommunizieren. Im selben Augenblick stand die Kerzenflamme still. Ich fragte ihn in Gedanken, ob er das sei. Sofort neigte sich die Flamme zur Seite. Das war ein eindeutiges Zeichen seiner Anwesenheit.«

Elektrische Phänomene treten sehr häufig in Erscheinung. Lichter gehen wie von Geisterhand an und aus, manche kommunizieren fragend nach einem Ja- und Nein-Schema. Elektrogeräte stellen sich von selbst an und aus. Andere berichten davon, dass durch die Gegenwart eines Verstorbenen ständig Glühbirnen zerplatzen. Die elektrische Energie des Verstorbenen ist dann dermaßen hoch, dass sie die Glühbirnen zum Zerspringen bringt. Elektrizität in jeder Form gleicht der Energie der Verstorbenen.

Sie können auch dafür sorgen, dass das Lieblingslied des Verstorbenen den Angehörigen fast verfolgt: Das Radio geht von selbst an, wenn das Lied gespielt wird. Jemand stellt ein Autoradio an und kurz darauf erklingt das Lied. Selbst im Kaufhaus oder einem Restaurant erklingt immer dasselbe Lied. Dadurch macht ein Verstorbener auf seine ständige Gegenwart aufmerksam. Das sind keineswegs Zufälle, als was sie oft interpretiert werden, sondern durch den assoziativen Bezug des Liedes wird eindeutig auf die Präsenz eines Geistwesens hingewiesen. Ein junger Mann berichtete mir:

»Kurz nach dem Tod meiner Freundin, die durch einen Autounfall ums Leben gekommen war, erhielt ich viele Zeichen ihrer Präsenz. Sie liebte es, mich durch elektrische Phänomene zu überraschen, was immer auch deutlich ihr humorvolles Wesen zum Ausdruck brachte, fast wie ein Streich. Vor ein paar Monaten manifestierte sie sich in einem durchscheinenden goldenen Licht in meinem Wohnzimmer, wie aus dem Nichts heraus. Wir kommunizierten telepathisch. Da ich schon so viele Zeichen ihrer Gegenwart bekommen hatte, bat ich sie, vor meinen Augen etwas zu bewegen. Es dauerte nicht lange und schon flog ein großes, gerahmtes Bild von ihr mit einem lauten Knall zu Boden. Ich musste lachen und fühlte mich getröstet. Kurz darauf löste sich ihre Erscheinung auf.«

Geistwesen können Objekte in Bewegung setzen, indem sie das Energiefeld davor und dahinter verändern. Um sich in der irdischen Realität zu manifestieren, wie durch eine Erscheinung im vorherigen Beispiel, braucht ein Abgeschiedener viel Konzentration und Kraft. Er muss seine weitaus höherschwingende Energie mit größter Konzentration und Aufmerksamkeit herunterfahren, um sie in eine Frequenz zu bringen, die sie auf der irdischen Ebene sichtbar bzw. wirksam macht.

Die Schleier zwischen dieser und der anderen Welt sind durch den Bewusstseinswandel durchlässiger geworden, was durch die Zunahme der Energie der Liebe auf der Erde bedingt ist. Dadurch wird das kollektive und individuelle Bewusstsein angehoben.

Die energetische Präsenz eines Verstorbenen kann von uns weder manipuliert noch kontrolliert werden. Sabine berichtete:

»Johann starb mit 19 Jahren nach einer schweren Hirnhautentzündung. Als seine Mutter war ich untröstlich und nahm monatelang starke Beruhigungsmittel, bis ich einem inneren Impuls, damit aufzuhören, folgte. Einige Wochen später spürte ich, dass Johann sich mit mir im Raum befand. Er strahlte Ruhe, Gelassenheit und Frieden aus. Ich wurde von einer Woge von Liebe eingehüllt. Andererseits verursachte das Geschehen ein elektrisierendes Gänsehautgefühl. Ich hatte das Gefühl, als würde mich seine Hand berühren, was eine intensive Euphorie hervorrief. Ich empfand, wie er sich in diesem Augenblick fühlte, geborgen und frei. Nach dieser intensiven Begegnung konnte ich den Verlustschmerz schrittweise abbauen. Ich öffnete mich für Johanns Präsenz und erhielt immer wieder tröstende Zeichen.«

Das lokale Gänsehautgefühl oder wenn nur die Hand heiß wird bzw. das Gefühl, als fahre einem jemand durch die Haare, kann es medizinisch gesehen nicht geben. Diese Phänomene können nur am ganzen Körper auftreten. Sie führen uns vor Augen, dass Verstorbene genauso wie Lebende energetische Wesen sind, allerdings auf unterschiedlichen Schwingungsfrequenzen. Auf diese Weise kommt es zum Austausch von Informationen zwischen dieser und der anderen Welt.

Der Augenblick des Todes

Der Augenblick des Todes ist ein magischer Moment, der vielfältige Phänomene hervorrufen kann. So wird häufig berichtet, dass Uhren zum exakten Todeszeitpunkt stehen bleiben. Peter erzählte mir:
»Ich hatte zu meinem zwanzigsten Geburtstag von meinem Vater eine wunderschöne Schweizer Armbanduhr geschenkt bekommen, die ich viele Jahre getragen habe. Vier Jahre später erkrankte mein Vater an Lungenkrebs. Er wurde mehrfach operiert, doch nach einer dritten, gescheiterten Operation, verstarb er nachts um 2:15 Uhr. In jener Nacht wachte ich exakt um 2:15 Uhr auf und hatte ungewöhnliche Kreislaufprobleme. Ich war wach und fühlte mich wie betäubt. Irgendetwas stimmte nicht, doch dann schlief ich wieder ein. Am nächsten Morgen stellte ich überrascht fest, dass meine Uhr, die noch niemals stehen geblieben war, auf genau 2:15 Uhr stand. Kurz darauf klingelte das Telefon und mir wurde mitgeteilt, dass mein Vater in der Nacht um 2:15 Uhr gestorben war. Das war sein Hinweis, dass er zur Todesstunde bei mir war. Danach war die Uhr nicht mehr zu reparieren.«
Dieses spezifische Phänomen wird bis heute sehr häufig erlebt und ereignet sich immer zum Todeszeitpunkt. In den unruhigen und schwierigen Zeiten während des Zweiten Weltkriegs gab es eine Häufung des Uhrenphänomens. Dadurch gaben die soeben Gefallenen Zeichen ihrer Anwesenheit.
Eine Frau berichtete von einem Erlebnis ihrer Oma, deren Bruder im Krieg gefallen war:
»Plötzlich ging das Licht aus und das Foto ihres Bruders fiel mit einem Krach von der Wand. Das seltsamste aber

war, dass die alte Wanduhr stehen geblieben war. Meine Oma wusste in dem Moment intuitiv, dass ihr Bruder gefallen war. Wenige Wochen später kam die Bestätigung.«

Zeichen von Verstorbenen im Augenblick des Todes können sich durch Klopfzeichen zum Ausdruck bringen, Bilder, die in Assoziation zu einem bestimmten Verstorbenen stehen, fallen ohne ersichtlichen Grund von der Wand und selbst schwerste Gegenstände bewegen sich. In diesem Gesamtkontext ist es wichtig zu wissen, dass die Angehörigen zu diesem Zeitpunkt noch nicht wissen, dass ein Angehöriger gestorben ist.

Wenn das Bewusstsein den Körper endgültig verlassen hat, kann sich das Geistwesen, das nun reine Energie ist, in Gedankenschnelle überall hinbewegen, je nachdem, an wen oder was es gerade denkt. Wer dann an einen bestimmten Angehörigen denkt, befindet sich augenblicklich in dessen Gegenwart. Vorausgesetzt dabei ist, dass sich der soeben Verstorbene an diese Möglichkeit der Kontaktaufnahme wiedererinnert. Das ist längst nicht bei jedem der Fall, da individuelle Annahmen oder Vorstellungen über ein Leben nach dem Tod es erfordern, zunächst einen Orientierungs- und Anpassungsprozess in der geistigen Welt zu durchlaufen.

Nachtodkontakte sind keine Projektionen des Unbewussten oder Produkte überreizter Imaginationen. Es handelt sich ebenso wenig um Fantasien, trauerbedingte Erinnerungsbilder oder Halluzinationen. Nachtodkontakte ohne Kenntnis der Todesnachricht sind von besonderer Beweiskraft. Eine Krankenschwester, die sich mit ihrem Patienten Roland angefreundet hatte, erlebte Folgendes:

»Eines Morgens saß ich zwischen 6 Uhr und 6:15 Uhr auf dem Bettrand und zog mir die Schuhe an. Als ich den Kopf drehte, sah ich Roland wie ein mattes Bild am Fußende. Er lächelte. Ich erkannte ihn sofort. Er sah glücklich und entspannt aus … und dann war er weg. Ich fuhr zur Arbeit, und als ich ankam, sagten sie mir dort, dass Roland in der Nacht an einem Herzanfall gestorben war. Ich hatte das Gefühl, dass er gekommen war, um mich wissen zu lassen, dass es ihm gut ging.«[11]

Auch bei unerwarteten Todesfällen kann eine Begegnung den Schock eines plötzlichen Todes mildern. Sue Ellen berichtet:

»Ich lag auf dem Sofa. Plötzlich sah ich meinen Vater vor mir! Er war wirklich da – ich sah das Lächeln auf seinem Gesicht. Ich hörte ihn sagen: „Es ist alles in Ordnung, mein Liebling. Es ist schön hier. Ich bin wirklich glücklich, mach dir also keine Sorgen." Fast gleichzeitig läutete das Telefon. Ich hörte wie mein Mann im Hintergrund sagte: »Oh mein Gott.« Er erfuhr, dass mein Vater an einer Herzattacke gestorben war. Mein Vater war erst dreiundfünfzig und galt als ausgesprochen gesund.«[12]

Am häufigsten sind Phänomene, die sich zeitgleich mit dem Tod eines spezifischen Angehörigen ereignen. Forscher aus der ganzen Welt haben in eindrücklicher Weise belegt, dass Todeszeitpunkt und das Erleben identisch sind. Ich weiß nicht mehr, wie viele derartige Geschichten ich in meinen Seminaren, in Briefen oder Mails mitgeteilt bekommen habe. Doris erzählte mir am Telefon:

»Mein Mann hatte Bauchspeicheldrüsenkrebs und ich besuchte ihn täglich im Krankenhaus. Nach einem Besuch saß ich noch lange im Wohnzimmer und zappte im TV-Programm herum. Es war genau 00:07 Uhr, als ich plötzlich die Stimme meines Mannes im Kopf vernahm. Er teilte mir mit, dass er bereit sei zu gehen, um neue Aufgaben zu übernehmen. Seine Arbeit auf der Erde sei beendet, meine jedoch noch nicht. Kurz darauf klingelte das Telefon und die Stationsschwester teilte mir mit, dass mein Mann verstorben sei. Ich sagte zu ihr, dass ich genau wüsste, dass er um 00:07 Uhr gestorben war. Sie war sehr überrascht, da die Zeit mit ihren Unterlagen übereinstimmte!«

Es hat sich immer wieder gezeigt, dass der Zeitpunkt des Todes und des Nachtodkontaktes auf die Minute übereinstimmen. Dadurch erreichen diese Berichte einen Grad von Glaubwürdigkeit, der nicht einfach geleugnet werden kann. Derartige Ereignisse können auch über weite Entfernungen auftreten. Die Verstorbenen können dabei jede beliebige Form annehmen. Für sie gibt es keine Distanz mehr, da Raum und Zeit aufgehoben sind.

Eine Frau aus Deutschland erzählte mir, dass sie nach Amerika ausgewandert war und in der Nähe von Los Angeles lebte:

»Ich wusste, dass mein Großvater im Sterben lag, war aber doch sehr überrascht, als er inmitten eines hellen Lichtes in meinem Schlafzimmer erschien. Er lächelte und sagte mir, dass alles gut wird. Ich hatte keine Angst, sondern empfand einen inneren Frieden. Dann löste sich die Erscheinung wieder auf. Ich rief dann bei meiner Mutter in Deutschland an, die mir zu meinem großen Erstaunen erzählte, dass sich Großvater auch bei ihr, offenbar zur gleichen Zeit, verabschiedet habe. Wie sich später herausstellte, war er genau zu dieser Zeit gestorben.«

Verstorbene sind im Stande, uns zu jeder Zeit und an jedem Ort zu finden und in ihrem Geistkörper innerhalb von Sekunden zu uns zu reisen. Betroffene, die einen Kontakt ohne Vorwissen des Todes erlebt haben, waren noch nicht in Trauer. Deswegen besteht kein Grund zu der Annahme, dass der Nachtodkontakt eine Trauerfantasie oder eine Halluzination ist, wie das von manchen Psychologen betrachtet wird.

Das Gefühl von Gegenwart

Das Gefühl von Gegenwart oder der Nähe eines Verstorbenen ist das am häufigsten erlebte Phänomen innerhalb der Nachtodkontakte. Viele Menschen spüren die Nähe und die vertraute Ausstrahlung eines verstorbenen Angehörigen. Das Phänomen geht von dem Verstorbenen aus und kann von uns weder erzwungen noch manipuliert werden. Es tritt ganz spontan in Erscheinung. Dieses Gefühl von Liebe und Geborgenheit wird als zart und flüchtig beschrieben und ist doch stärker als alles vorher auf der Erde Erlebte. Ein Mann versuchte die Präsenz seiner verstorbenen Frau äußerst feinfühlig zu beschreiben:

»... innerhalb weniger Minuten flutete dieses Gefühl durch mein ganzes Wesen, aber mit einer Kraft und Reinheit wie ich es mir früher nicht hätte vorstellen können. Es war dasselbe Erlebnis wie zu Lebzeiten, doch hundertmal, tausendmal stärker... Und dies so sehr, dass ich nie zuvor in meinem Leben von einer reineren Glückseligkeit erfüllt war ... Und noch mehr: Es hat angedauert und wird mich immer begleiten.«[13]

Das Gefühl von Gegenwart kommt durch den Willen des Verstorbenen zustande und tritt in ganz alltäglichen

Situationen auf, ohne dass jemand an den Verstorbenen gedacht haben muss. Durch die vertraute Präsenz oder Nähe wird das individuelle Energiemuster erfühlt. Das vermittelt ein inneres Wissen darüber, wer sich im Raum oder in der Umgebung aufhält. Das Erleben ist nicht von den Wünschen der Lebenden abhängig. Es geschieht einfach und geht mit einer enormen Gefühlsintensität einher. Eine Frau beschreibt ihr Empfinden bei der Begegnung mit ihrer Oma:

»Eines Tages empfand ich auf einmal Wärme, als wäre jemand bei mir. Es war nicht, als sei etwas körperlich neben mir, sondern eher so, als umhülle mich etwas ganz. Ich wusste, es war meine Großmutter! ... Ich fühlte mich sehr geborgen und geliebt. Es war wirklich ein sehr schönes Erlebnis.«[14]

Je mehr ein Angehöriger sich einem Kontaktversuch aus dem Jenseits öffnet, desto mehr kann das Gegenwartsgefühl in einen erweiterten Bewusstseinszustand münden. Der Kontakt kann sich in Bruchteilen von Sekunden ereignen oder über Minuten erstrecken, manchmal sogar über Stunden. Um sich im Energiefeld eines Lebenden bemerkbar zu machen, muss das Geistwesen seine weitaus höher schwingende Frequenz der Dichte der Erde anpassen.

Das ist kein leichtes Unterfangen und wird dadurch erschwert, dass Angehörige durch zu tiefe Trauer oder Angst den Zeichen der Nähe Widerstand entgegenbringen. Der Kommunikationsort im Menschen ist das Herzbewusstsein, durch das wir immer mit den Verstorbenen in Verbindung stehen. Es ist unsere Liebe, die uns immer mit der geistigen Welt verbindet. Durch das Gegenwartsempfinden machen viele die Erfahrung, dass es keine Trennung zwischen dieser und der anderen Welt gibt. Ein Mann schrieb mir:

»Nach dem Unfalltod meiner Frau war ich wie versteinert und haderte mit Gott und der Welt. Ich konnte einfach nicht akzeptieren, was geschehen war. Eines Abends saß ich grübelnd auf dem Sofa, als ich plötzlich eine tiefe, innere Wärme und Liebe verspürte. Das war eindeutig meine Frau. Zum ersten Mal seit ihrem Tod spürte ich einen tiefen inneren Frieden. Die Liebe, die sie ausstrahlte, war wesentlich stärker als zu ihren Lebzeiten. Ich fühlte mich geborgen, umhüllt und getragen von meiner Frau. Das war ein Zustand reiner Glückseligkeit. Ich wusste, dass sie mich weiterhin begleiten würde und fand den Mut, mich dem Leben wieder zuzuwenden. Seit diesem Erlebnis habe ich in vielfältiger Weise Zeichen ihrer Anwesenheit erhalten, wofür ich sehr dankbar bin.«

Wer sich öffnet, kann die Liebe und Wärme spüren, die sich von innen nach außen ausbreitet, ein Gefühl, das wir nicht selber herstellen können. Dieses Gefühl unterscheidet sich durch seine vorher nicht erlebte Intensität von einem Erinnerungsgefühl. Das verweist auf die Echtheit der Präsenz. Wer das einmal erlebt hat, wird es nie wieder vergessen. Manche erhalten auch telepathische Botschaften.

Verstorbene sind in der Lage, unsere Gedanken wahrzunehmen und darauf zu reagieren. Eine Frau berichtete:

»Einige Wochen nach dem Tod meiner Schwester hörte ich in meinem Inneren telepathisch die unverkennbare Stimme meiner Schwester. Sie teilte mir mit, dass ich mir keine Sorgen machen solle. Alles wäre in Ordnung. „Da wo ich jetzt bin, fühle ich mich wohl. Hör auf zu grübeln, wenn du mich brauchst, bin ich da", sagte sie. Das war die Antwort auf all meine Fragen und Ängste.«

Ein intensives Gefühl von Präsenz gibt den Erlebenden Kraft und Mut, den Tod eines geliebten Angehörigen anzunehmen. Es ist sehr tröstlich, diese subtile Erfahrung von Verbundenheit zu machen, die nicht aufhört. Eine Frau erzählte mir:

»Nach dem Tod meines Mannes ging es mir sehr schlecht. Ich konnte einfach nicht akzeptieren, dass er so unerwartet sterben musste. Eines Abends saß ich im Wohnzimmer, als ich von einem Moment zum anderen deutlich seine Anwesenheit spürte. Seine spezifische Nähe hüllte mich ein, unverkennbar, wie zu seinen Lebzeiten. Ich spürte seine Gegenwart überall um mich herum und Wärme und Liebe durchströmten mich von innen nach außen. Das war wie ein Schwebezustand, der mehrere Minuten andauerte. Mein Mann vermittelte mir telepathisch, dass es ihm gut gehe und er immer bei mir sei. Das gab mir neuen Lebensmut. Seither spüre ich immer wieder, dass er für mich da ist und mein Leben begleitet.«

Eine andere Frau spürte die Gegenwart ihres Mannes beim Autofahren:

»Im Auto saß ich alleine am Steuer, der Beifahrersitz war leer. Und doch war da mein Mann, in seiner ganzen Person unmittelbar gegenwärtig. Seine absolute Präsenz ging einher mit einem alles erfüllenden lautlosen Tönen, welches alle anderen Geräusche verschluckte und mündete schließlich in unsagbar helles, vollkommen schattenloses Licht, das bis in den letzten Winkel drang und mich und alles um mich herum in sich aufsog, bevor es sich in meinem Innern in heiße Tränen der

Freude auflöste, die unaufhaltsam zu fließen begannen.«[15]

Ein derart intimer Moment der Präsenz eines Verstorbenen, der alle vorhergehenden Zweifel und Ängste auflöste, ist kaum mit Worten zu beschreiben. Und doch geht es hier um die innere Verbundenheit, die Liebe, die niemals endet und die nach dem Tod eines geliebten Menschen sich sogar noch verstärkt zum Ausdruck bringen kann. Die Innigkeit des Durchströmtwerdens drückt sich in einer absoluten Nähe der Verschmelzung der Energie der Liebe des Verstorbenen mit dem Energiefeld des Angehörigen aus. So heißt es in einem anderen Bericht:

»Plötzlich spürte ich die Präsenz meiner verstorbenen Tochter und war eingehüllt in eine Liebe, die ich so noch nie erlebt hatte. Das war reine Magie, ein Schwebezustand von absoluter Nähe. Sie war mir näher als zu meinen Lebzeiten, wenn man das so ausdrücken kann. Ich fühlte mich unendlich getröstet.«

Ein Gefühl von Gegenwart kann sich zu jeder Zeit einstellen. Die meisten erleben es kurz nach dem Tod, aber es kann auch viele Jahre später erfolgen. In der geistigen Welt sind Raum und Zeit aufgehoben. Ein Verstorbener kann uns etwas mitteilen, wo und wann es ihm beliebt. Ein Nachtodkontakt ist nicht an einen Ort gebunden und kann sich überall ereignen, ob in der freien Natur oder in fremden Ländern. Das Interesse der Verstorbenen an unseren Angelegenheiten lässt oft nicht nach. Viele versuchen auch, uns in schwierigen Situationen beizustehen. Dazu ein Beispiel, das mir Martin nach einem Seminar schilderte:

»Ich hatte meinen Job verloren und wusste nicht, wie es weitergehen sollte. Zudem war meine Frau schwanger

und musste zu Hause bleiben. Ich war echt verzweifelt. Mein Vater war schon vor 10 Jahren gestorben, und ich hatte noch nie ein Zeichen von ihm erhalten. Plötzlich spürte ich ganz deutlich seine Anwesenheit. Er übermittelte mir sehr eindringlich, dass ich mir keine Sorgen machen solle und versicherte mir, es werde alles gut werden und dass eine neue Arbeitsstelle auf mich warte. Das Erlebnis hatte mich sehr berührt und tatsächlich – ein paar Tage später schickte mir meine Arbeitsvermittlerin ein passendes Stellenangebot, und ich bekam den Job!«
Das ist wiederum ein gutes Beispiel dafür, wie Verstorbene uns zu trösten vermögen und in schwierigen Lebenslagen unterstützen. Auffällig an der Vielfalt der Nachtodkontakte ist, dass sie überwiegend weder von Angst geprägt sind, noch von destruktiven Einflüssen die Rede ist. Die Kontakte sind darauf angelegt, Liebe, Versöhnung und Angenommensein zu vermitteln.

In jedem Fall ist das Gefühl von Gegenwart ein weit verbreitetes universales Geschehen. Die Verstorbenen lassen uns wissen, dass wir alle, im Jenseits wie im Diesseits, nicht voneinander getrennt sind. Wir sind somit schon jetzt ein Teil des EINEN Geistes. Das werden wir umso besser verstehen, je mehr wir uns den subtilen Einflüssen der geistigen Welt öffnen.

Das Empfinden der Gegenwart tritt in verschiedenen Formen in Erscheinung: Durch Geruchswahrnehmung, durch symbolische Zeichen, durch akustische Wahrnehmungen. Dazu gehören auch körperliche Berührungen. Verstorbene wählen vielfältige Zeichen, um uns auf ihre Präsenz hinzuweisen.

Geruchswahrnehmungen

Nachtodkontakte, bei denen Gerüche wahrgenommen werden, die mit einem ganz bestimmten Verstorbenen assoziiert werden, sind sehr weit verbreitet. Die Bandbreite typischer Düfte ist unbegrenzt, z.B. Parfüms, Aftershaves, Rosen und andere Blumen, Pflegecremes, Getränke oder Tabak, etc. Auch diese Kontaktform kann sich sowohl in den eigenen vier Wänden als auch in der Natur oder an jedem beliebigen Ort einstellen. In jedem Fall wird plötzlich ein spezifischer Duft wahrgenommen, der eindeutig auf die Präsenz eines bestimmten Verstorbenen hinweist.

Der Geruch passt oft gar nicht zur Umgebung, und es lässt sich auch keine konkrete Quelle für den auftretenden Duft ausmachen. Diese Art der Kontaktaufnahme kann mitunter von mehreren Menschen gleichzeitig wahrgenommen werden. Juliane berichtete mir:

»Fünf Wochen nach dem Tod unseres Bruders war ich mit meinen beiden Schwestern in einem Café verabredet. Es war ein herrlich warmer Tag im Juni und wir saßen draußen in der Sonne. Wir sprachen viel von unserem Bruder, der mit nur neunzehn Jahren nach einem Autounfall verstorben war. Er fehlte uns sehr. Sein Lieblingsduft war Kenzo, sozusagen sein Erkennungszeichen. Wir schwelgten in Erinnerungen an seine Streiche, als meine jüngere Schwester irritiert aufblickte. „Riechst du das auch, Juliane?" Und in diesem Moment nahm ich, gleichzeitig mit meiner älteren Schwester, den ganz typischen Kenzo-Duft meines Bruders wahr, der uns einhüllte. Wir fühlten seine tröstende Präsenz. Das war seine Art, uns mitzuteilen, dass es ihm gut geht. Dann löste sich der Geruch ebenso plötzlich auf, wie er aufgetreten war.«

Wenn Hinterbliebene Derartiges spüren, löst das häufig eine Flut positiver Erinnerungen aus und spendet Trost und Geborgenheit. Bei vielen stellt sich die Gewissheit ein, dass das Leben nach dem Tod real ist. So mancher Leser mag sich fragen, wie ein Geistwesen Gerüche hervorbringt. In einer Nachtodkommunikation mit seiner Mutter erklärt der verstorbene Erik Medhus dazu Folgendes:

»Nun, alles hat eine Energieformel auf der Erde. Ich mache einfach nur die Energieformel nach und setze sie in diesen Raum. Es ist eine Form von Schöpfung. Ich erschaffe die Energieformel für den Geruch.«[16]

Vertraute Gerüche durch die Gegenwart eines Verstorbenen vermögen die Stimmung eines Trauernden aufzuhellen. Besonders häufig treten auch Blumendüfte auf, die einen direkten Bezug zu einem Verstorbenen aufweisen. Eine Witwe berichtete mir:

»Mein Mann hatte die Angewohnheit, mir mindestens einmal in der Woche einen Strauß roter Rosen mitzubringen. Ungefähr sechs Monate nach seinem Tod wollte ich im Wohnzimmer einen Kaffee trinken. Als ich die Wohnungstür öffnete, wurde ich von einem durchdringenden Rosenduft überrascht, obwohl dort natürlich keine standen. Ich wusste sofort, dass mein Mann mir auf diese Weise ein Zeichen seiner Gegenwart sandte. Ich spürte seine Nähe so intensiv, wie schon lange nicht mehr. Das war seine Art, mir seine unverbrüchliche Liebe zu zeigen.«

Die meisten Menschen verwenden über Jahre, wenn nicht über Jahrzehnte, bestimmte Düfte, die sogar als persönliches Erkennungszeichen gelten. Deswegen wird in den Nachtodkontakten dieser spezifische Duft sofort identifiziert. Wie sich im obigen Beispiel zeigt, löst der Rosenduft positive Gefühle von Liebe, Frieden und Geborgenheit aus. Geruchsphänomene sind ein besonderes Geschenk, da sie keinen Zweifel hinterlassen, einem Verstorbenen wirklich begegnet zu sein. Das ist ein energetisches Phänomen, bei dem der Duft physisch, ohne jeden Zweifel, wahrgenommen wird. Es handelt sich nicht um Geruchserinnerungen.

Durch Vertrauen in die und Akzeptanz der höheren geistigen Kräfte wird so manches möglich, was wir uns bisher nicht vorzustellen vermochten. Wenn wir unser Herz für die Liebe öffnen und die Impulse der Innenwelt zu deuten vermögen, intensivieren sich die Kontakte. Alles ist Energie und Nachtodkontakte sind, unabhängig von der Form, in der sie auftreten, Energietransformation.

Energie, kann von den Verstorbenen verändert und manipuliert werden, um auf ihre Gegenwart hinzuweisen: Durch die Erschaffung eines spezifischen Duftes, der Manipulation vor allem elektrischer Energie, dem Eintreten in Träume durch Erscheinungen oder der Bewegung von Gegenständen.

Auch verwaiste Eltern berichten immer wieder davon, einen Geruch wahrgenommen zu haben, den sie mit ihrem Kind in Verbindung bringen. Dabei können mehrere Personen gleichzeitig denselben Geruch bemerken. Eine Frau berichtete:

»Simon starb mit fünf Jahren an einem angeborenen Herzfehler. Dennoch war sein Tod für mich und meinen Mann unerwartet, und wir hatten beide große Probleme, seinen Tod zu akzeptieren. Wir wünschten uns sehnlichst ein Zeichen von Simon. Eines Abends, als wir gerade unser Abendbrot aßen, war der ganze Raum von einem Moment zum anderen vom Geruch einer spezifischen Hautpflegecreme erfüllt, die ich bei Simon benutzt hatte. Das war sein ganz spezifischer Geruch. Keiner von uns beiden hatte in jenem Augenblick an Simon gedacht. Mein Mann fragte ungläubig, ob ich den Geruch auch bemerkte? Ich nickte wortlos. Wir fühlten ganz deutlich die Gegenwart unseres Sohnes. Das war wie ein Trancezustand, der über zwanzig Minuten anhielt, bis der Geruch ebenso plötzlich verschwand, wie er aufgetreten war. Das Erlebnis half uns, die Trauer gemeinsam besser zu bewältigen.«

Ein Nachtodkontakt in Form von Gerüchen weckt positive Erinnerungen und vermittelt Geborgenheit und Frieden. Eine Frau erzählte:

»Lilien waren die Lieblingsblumen meiner Mutter. Als sie starb, war ich in Amerika. Ich erinnere mich deutlich, dass ich morgens um vier Uhr in meinem Hotelzimmer aufwachte und einen wunderbaren Lilienduft wahrnahm. Das verblüffte mich, doch ich schlief wieder ein. Um acht Uhr wurde ich durch das Telefon geweckt und meine Schwester erzählte mir, dass unsere Mutter heute Nacht gestorben war. Ich weinte, doch im selben Augenblick kam der Lilienduft wieder. Ich erkannte, dass meine Mutter sich bei mir verabschieden wollte. Ich spürte ihre Gegenwart und sie vermittelte mir telepathisch, dass alles gut ist. Wie sich später herausstellte, war der Zeitpunkt, als ich um vier Uhr erwacht war, genau ihr Todeszeitpunkt.«

Geruchsphänomene können an jedem beliebigen Ort auftreten, selbst in der freien Natur. Eine Frau berichtet:

»Der Geruch meines Vaters bestand aus einer eigentümlichen Mischung aus seinem spezifischen Pfeifentabak und seinem Rasierwasser. Das machte ihn schon zu Lebzeiten aus, und ich liebte diesen Geruch. Kurz nach seinem Tod unternahm ich einen Waldspaziergang, als ich plötzlich seine Gegenwart spürte, sein spezifischer Geruch umgab mich. Als ich das meinem Bruder am nächsten Tag erzählte, lachte er laut und erwiderte, dass er zur gleichen Zeit denselben Geruch unseres Vaters wahrgenommen hatte.«
Verstorbene können sich an mehreren Orten gleichzeitig aufhalten, da es in der geistigen Welt keine Beschränkungen mehr durch Raum und Zeit gibt. Diese Gleichzeitigkeit des Erlebens macht es für viele schwer, sich derartige Gegebenheiten vorzustellen. Verstorbene können sich zu jeder Zeit und an jedem Ort bemerkbar machen.

Akustische Wahrnehmungen

Die Stimme eines Verstorbenen wird in den Nachtodkontakten entweder im Außen vernommen oder im Inneren. Die innere Wahrnehmung ist eine telepathische Gedankenübertragung, wobei es dabei zu intensiven Kommunikationen kommen kann. In zahlreichen dokumentierten Fällen werden eindeutige verbale Botschaften vernommen. Die Stimme des Verstorbenen wird durch die vertraute Sprachmelodie und Intonation eindeutig identifiziert. Es zeigt sich immer wieder, dass ein Abgeschiedener unsere persönlichen Gedanken lesen kann – die auch nichts anderes als Energieformen sind – und darauf reagiert. Eine Frau schrieb mir:

»Mein Sohn war durch einen Unfall ums Leben gekommen. Ich machte mir viele Gedanken darüber, wie es ihm wohl geht und ob er meine Trauer und auch meine Liebe spüren kann? Ich konnte nur sehr schwer einschlafen. Eines Nachts hörte ich wie aus dem Nichts die Stimme meines Sohnes, laut und deutlich im Außen vernehmbar. »Mama, hör' auf, dir so viele Gedanken zu machen. Ich bin gekommen, um dir zu sagen, dass es mir gut geht. Ich habe Oma wiedergetroffen und auch meinen Freund Peter.« Er erzählte mir Details aus der Kindheit meiner Mutter, die er gar nicht wissen konnte. Nun konnte ich glauben, dass er wirklich mit mir gesprochen hatte.«

Das Hören der Stimme eines Verstorbenen ist ein unerwartetes, spontanes Erleben, das die Vorstellungskraft eines Menschen sprengen kann. Wir halten so vieles für unmöglich, bis es dann plötzlich geschieht. Deswegen kann ein solches Erleben mitunter auch Angst oder Unsicherheit auslösen. Nachtodkontakte machen uns bewusst, dass eine Kommunikation zwischen dieser und der anderen Welt möglich ist. Sie sind durchweg positiv und zeigen, dass die Verstorbenen nach wie vor um uns sind. Verstorbene haben nicht die Absicht uns in Angst und Schrecken zu versetzen.

Die meisten akustischen Nachrichten sind kurz, einfach und genau. Wer eine Stimme im Außen vernimmt, hört typische Formulierungen, wie »Ich liebe dich«, »Mach dir keine Sorgen«, »Mir geht es gut«, »Wir werden uns wiedersehen«, »Geh deinen Weg«, »Alles wird gut«. Durch die äußere Stimme erfahren wir nur so viel, wie wir wissen sollen oder verkraften können. Es geht hier weniger um umfangreiche Botschaften aus der geistigen

Welt, sondern darum, dass die Verstorbenen uns Mut zusprechen und trösten wollen. Sylvia schrieb mir:

»Nach dem plötzlichen Herztod meines Mannes war ich wochenlang wie paralysiert. Ich wusste nicht, wie ich seinen Tod verkraften sollte, und ich machte mir große Sorgen. Mein Mann hatte nicht an ein Leben nach dem Tod geglaubt und nichts war geregelt. Ich war sehr erschrocken, als ich sechs Wochen nach seinem Tod seine Stimme beim Kochen vernahm. Dabei fühlte ich ganz deutlich seine Nähe: »Ich möchte dir sagen, wie dankbar ich bin, dass wir so eine schöne Ehe geführt haben. Da, wo ich jetzt bin, geht es mir gut und ich bitte dich, nicht so traurig zu sein. Ich bin immer für dich da und du bist beschützt.« Ich fühlte seine Liebe und dann war er plötzlich fort. Ich war erleichtert und ich fand durch diese Begegnung neuen Lebensmut. Das ist nun schon fünf Jahre her, doch ich spüre immer wieder seine Gegenwart.«

Mitunter wird durch die Stimme der Verstorbenen von Dingen berichtet, die die Angehörigen nicht gewusst haben. Das ist ein besonderer Beweis für die Echtheit derartiger Phänomene. Lois berichtete:

»Am Tag, nachdem Ray gestorben war, hörte ich morgens seine Stimme, die sagte: »Ich habe vergessen, das Geld zur Bank zu bringen! Es steckt in meiner Jackentasche. Hol' es lieber gleich und stecke es in deinen Geldbeutel.« Es klang, als stünde er rechts neben mir. Ich sah in seiner Jackentasche nach, und da war das Geld! Über 300 Dollar! Wir hatten am Nachmittag vor seinem Tod meinen Kombi verkauft. Ray hatte das Geld eingesteckt und es eigentlich auf unser Konto einzahlen wollen. Ich wusste nicht, dass er noch nicht bei der Bank gewesen war.«[17]

Suzanne erzählte mir: »Zwei Tage nach dem Tod meines Mannes empfand ich trotz des Verlustschmerzes von einem Augenblick zum anderen tiefen Frieden. Ich vernahm Herberts Stimme, die ich eindeutig erkannte. Er sagte laut und voller Freude: »Es ist so schön hier. Trauert nicht um mich. Mir geht es gut und ich liebe dich.« Ich war eingehüllt von einer sanften, tröstenden Energie seiner Nähe. Ich konnte seinen Tod besser annehmen.«

Weitaus häufiger als das Hören von Stimmen im Außen ist die telepathische Kommunikation mit einem Verstorbenen. Dabei wird die Botschaft nicht über den Hörsinn vermittelt, sondern durch die Gedanken. Wer die Impulse der geistigen Welt in seinem Inneren wahrnehmen kann, macht die Erfahrung, dass auch eine länger andauernde Kommunikation mit einem Verstorbenen möglich ist.

Auf diese Weise sind schon so manche Botschaften über die Beschaffenheit des Jenseits, die Möglichkeiten der Weiterentwicklung im Jenseits, über Tätigkeiten und das Leben nach dem Tod vermittelt worden. Damit wollen wir uns im zweiten Teil dieses Buches ausführlich beschäftigen.

Berührungen

Körperliche Berührungen seitens eines Verstorbenen werden sehr häufig berichtet. Sie ereignen sich besonders dann, wenn eine enge, intime Beziehung bestanden hat. Diese Art von Zuwendungen über den körperlichen Tod hinaus werden in Form von sanfter Berührung, einem Streicheln, einer Umarmung oder als Kuss wahrgenommen. Die Identität des Verstorbenen wird dabei eindeutig erkannt, da es sich um vertraute Gesten handelt. Wenn beispielsweise der Ehemann die Angewohnheit hatte, seine Frau am Knie zu tätscheln, würde eine Berührung im Gesicht nicht unmittelbar mit ihm in Verbindung gebracht werden.

Die Erlebenden erhalten die Gewissheit, nicht alleine zu sein, wobei Berührungen mitunter eine immense Heilkraft aufweisen. Die unterschiedlichen Formen der Nachtodkontakte verweisen darauf, dass die geistigen Wesen, die mit uns in Kontakt treten, die Form auswählen, die uns am ehesten erreicht. Ein Verstorbener weiß, ob sich jemand vor einer Erscheinung fürchtet, und würde dann eher ein Gegenwartsempfinden wählen. Körperliche Berührungen werden meistens im Wachzustand erlebt.

Mike berichtet von einer Begegnung mit seiner Tochter Laura, die bei einem Autounfall gestorben war:

»Ungefähr zehn Minuten nach dem Einschlafen wurde ich von Lauras Kuss geweckt. Ich wusste genau, sie war da. Sie küsste mich auf die Lippen – ich spürte, wie sie mich küsste! Ich wusste ohne jeden Zweifel, dass meine Tochter mir diesen Kuss gab, um mir zu zeigen, dass es ihr gut ging. Alles, was Laura zu sagen hatte, war in diesem Kuss enthalten. Es war sehr tröstlich für mich. Das war das Wunderbarste, was ich je erlebt habe!«[18]

Joyce, deren kleine Tochter Megan nach einer Operation am offenen Herzen starb, besuchte ihre Mutter:

»Einige Wochen nach Megans Beerdigung war ich sehr bedrückt und ging früh ins Bett. Ich lag da und weinte. Plötzlich spürte ich, wie eine kleine Hand sachte meine Wange berührte. Ich dachte: »Mein Gott, das ist Megan!« Ihre kleinen Finger fühlten sich weich und glatt an. Ein überwältigendes Gefühl von Frieden und Ruhe überkam mich. Ich spürte, Megan wollte mir zeigen, dass es ihr gut ging.«[19]

Mitunter können spontan auftretende Berührungen die Angehörigen verunsichern oder sogar verängstigen. Nicht jeder kann damit umgehen. Es sei darauf hingewiesen, dass wir einem Verstorbenen direkt sagen können, wenn wir etwas nicht wollen. Die Absicht des Verstorbenen ist es nicht, uns durch seine Gegenwart zu erschrecken. Und doch kann das Erleben zu intensiv werden, da es so plötzlich in Erscheinung tritt. Ein Mann schrieb mir:

»Nach dem Tod meines Vaters spürte ich häufig seine Gegenwart. Eines Nachts, ich konnte nicht einschlafen, berührte er mich aus dem Nichts heraus. Er streichelte sanft meine Wange und ich fühlte eine körperliche Umarmung. Das tröstete mich sehr, da er mir vermitteln wollte, nicht aufzugeben und in Trauer zu versinken. Doch dann wiederholten sich seine Berührungen über viele Wochen. Das machte mir Angst, da ich zunehmend das Gefühl hatte, dass mein Vater mich nicht loslassen konnte. Andererseits genoss ich seine Nähe. Schließlich bat ich ihn, die Berührungen sein zu lassen, die dann schlagartig aufhörten.«

Die Angst der Erlebenden entsteht dadurch, dass etwas Unerwartetes und Ungewöhnliches geschieht, das vorher nicht für möglich gehalten wurde. Das kann einen Zwiespalt erzeugen: Einerseits sehnen wir uns nach der Nähe des Verstorbenen, andererseits fürchten wir uns davor, dass die Phänomene aufhören könnten. Das ist die Angst vor dem Loslassen. Wir sollten uns dessen bewusst sein, dass wir vor den Verstorbenen nichts verbergen können, da sie direkt auf unsere Gedanken und Bedürfnisse reagieren. Für sie gibt es keine körperlichen, mentalen oder emotionalen Begrenzungen mehr und ein einziger Gedankenimpuls von uns vermag sie in unsere Nähe zu bringen.

Michael nahm sich mit 20 Jahren das Leben. Seine Mutter schrieb mir:

»Sein Tod machte mich ohnmächtig und wütend. Es gab nicht die geringsten Hinweise oder Zeichen, dass er sich das Leben nehmen wollte. Er war ein fröhlicher Mensch und beliebt und erfolgreich in seinem Beruf. Ich hatte starke Schuldgefühle, da ich glaubte, etwas übersehen zu haben. Eines Abends, ich schaute gerade einen Film, spürte ich die intensive Nähe meins Sohnes. Ich war eingehüllt in eine Umarmung und fühlte eine innere Wärme, die mich durchdrang. Ganz sanft streichelte er meinen Arm. Michael vermittelte mir telepathisch:

»Ich allein trage die Verantwortung für meinen Suizid. Das war mein Weg und ich fühle mich sehr gut, da wo ich jetzt bin. Du brauchst dir überhaupt keine Vorwürfe zu machen.« Mein ganzer Körper wurde von Liebe und Wärme erfasst. Er berührte mein innerstes Wesen und befreite mich von meinem Schmerz. Das war wirkliche Heilung. Ich bin sehr dankbar für dieses Erleben und es gab mir nachhaltigen Trost.«

Körperliche Berührungen sind ein unvergessliches Erleben. In Zeiten schwerer Trauer vermögen sie Hinterbliebene nicht nur zu trösten, sondern sie vermögen den Schmerz durch einen direkten Zufluss geistiger Liebesenergie zu transzendieren.

Erscheinungen – visuelle Nachtodkontakte

Grundsätzlich wird in der Forschung zwischen zwei unterschiedlichen Arten von Erscheinungen Verstorbener berichtet: partielle oder vollständige Erscheinungen. In den unvollständigen Sehkontakten wird der Verstorbene nur teilweise wahrgenommen, ein Teil seines Körpers wird erblickt, ein Gesicht oder die Augen, die von einem Licht umgeben sind. Manchmal wird auch die vollständige Gestalt erblickt, die aber nicht kompakt oder körperlich erscheint. Sie ist dann in ein Licht eingehüllt oder ist umgeben von einem durchsichtigen Nebel. »Als dieses Licht sich öffnete, sah ich das Gesicht meines Vaters und einen Teil seiner Schultern«, heißt es in einem Bericht. Eine Frau erzählte:

»Zwei Monate nach dem plötzlichen Unfalltod meines Bruders breitete sich ein helles Licht in unserem Wohnzimmer aus. Ich erblickte darin das Gesicht meines Bruders. Er lächelte in seiner spezifischen Art, so wie ich ihn gekannt habe. Das ganze Gesicht war eingehüllt von diesem Licht. Er war offensichtlich sehr glücklich, was mich beruhigte. Dann waren plötzlich das Licht und sein Gesicht verschwunden.«

Bei einer vollständigen Erscheinung wird ein Verstorbener in seiner Gesamtheit erblickt. Mitunter kann er sich sogar als feststofflich und lebensecht manifestieren. Psychische und physische Leiden sind verschwunden. Die Verstorbenen strahlen Liebe und Mitgefühl aus. Sehkontakte werden häufig im Wachzustand erlebt. Ein Mann berichtete:

»Meine Frau legte großen Wert auf ihr Äußeres. Sie starb während einer Herzoperation. Ich kann nicht sagen, wie sehr ich sie vermisse. Eines Abends erschien sie mir lebensecht in unserem Wohnzimmer wie aus dem Nichts. Sie sah aus wie in der besten Zeit ihres Lebens. Was mich am meisten verblüffte, war, dass sie das Kleid trug, das wir ihr zu ihrer Beerdigung angezogen hatten. Das überzeugte mich von dem Weiterleben nach dem Tod.«

Wenn wir die Phänomene verstehen wollen, ist es wichtig, zu wissen, dass Geistwesen reine Energie auf einer höheren Schwingungsfrequenz als auf der Erde sind. Wenn sie mit uns in Kontakt treten wollen – für sie ist alles gleichzeitig zugänglich –, senken sie ihre Schwingung so weit herab, dass sie in den sichtbaren Teil des elektromagnetischen Feldes, das uns alle umgibt, eintauchen können. Verstorbene vermitteln Zeichen ihrer Präsenz und können jede beliebige Form annehmen: Sie können ein durchscheinender Lichtstrahl sein, eine Lichtkugel oder sich physisch manifestieren, alt aussehen oder als Kind erscheinen.

Auch von sterbenden Kindern wird von Lichterscheinungen im Augenblick ihres Todes berichtet. Die Psychologin und Soziologin Cherrie Sutherland befasste sich jahrelang mit dem Phänomen der Nachtodkontakte. Sie konnte zahlreiche Eltern dazu bewegen, von ihren Erlebnissen zu berichten. In ihrem Buch »Tröstliche Begegnungen mit verstorbenen Kindern« berichtet sie von einem Vater, der nachts aufwachte und seine Tochter am Fußende des Bettes stehen sah:

»Genau um Mitternacht hatte ich so ein komisches Gefühl, eine Art nervöse Erregung. Ich schlug die Augen auf, und da stand meine Tochter am Fußende des Bettes. Sie strahlte so hell, dass es aussah, als stünde sie lichterloh in Flammen. Ich weiß nicht warum, aber mir war klar, dass sie gestorben war.« Als er versuchte, sie an ihrem 1500 Kilometer entfernten Wohnort anzurufen, erfuhr er, dass sie knapp eine Stunde vorher im Krankenhaus gestorben war.[20]

Das sind Projektionen, Bilder oder Hologramme, die uns übermittelt werden, damit wir den Verstorbenen erkennen können. Die Seele an sich ist formlos, doch durch Energietransformation vermittelt sie ihre Gegenwärtigkeit. Die Trennlinie zwischen Diesseits und Jenseits wird überwunden, und je mehr wir unser Herz öffnen, umso intensiver gestaltet sich der Kontakt.

Das Leben nach dem Tod ist keine Theorie, die sich unter Laborbedingungen messen oder abwägen lässt, oder fassbar wird, sondern die reale, höhere, geistige Wirklichkeit hinter unserem Alltag. Übersinnliche geistige Phänomene ereignen sich jenseits menschlicher Verstandeslogik. Da wir wissenschaftlich nicht erklären können, wie sich ein Verstorbener lebensecht manifestiert oder körperlich erscheint, widerspricht das unseren Naturgesetzen und Vorstellungen vom Tod. Doch Nachtodkontakte sind empirische Wirklichkeiten, die Zweifel und Ängste aufzulösen vermögen.

Sie sind ein gewaltiger spiritueller Faktor und konfrontieren uns mit der Tatsache, dass wir von den Verstorbenen nicht getrennt sind und dass wir in ein höheres Sein eingebunden sind. Die Weisheit und Abgeklärtheit, die Liebe und das Verständnis für unsere Sorgen und Nöte, auch das Verzeihen-Können, die Güte und Gnade des nicht Verurteiltwerdens, das uns Verstorbene vermitteln, kann besonders durch eine Erscheinung zum Ausdruck gebracht werden. Eine Frau schrieb mir:

»Meine Mutter war Zeit ihres Lebens eine herrische und tyrannische Frau gewesen, rücksichtslos und unfähig, Liebe zu geben. Sie ließ immer nur ihre eigene Meinung gelten. Darunter habe ich sehr gelitten, auch unter den ständigen Streitereien. Irgendwann konnte ich die Kontrollversuche meiner Mutter nicht mehr ertragen und brach jeglichen Kontakt ab. Vor drei Monaten starb sie allein und mit mir unversöhnt. Vier Wochen nach ihrem Tod erschien sie mir lebensecht in meinem Wohnzimmer. Ihre Gestalt war eingehüllt in Licht, und sie strahlte Wärme und bedingungslose Liebe aus, die mich innerlich erfasste. So hatte ich meine Mutter noch nie erlebt. Sie übermittelte mir telepathisch, dass sie zurückgekommen sei, um mich um Verzeihung zu bitten für den Mangel an Liebe. Dann nahm sie mich in den Arm, was meine Verhärtungen schmelzen ließ. Ihre liebevolle Gegenwart spendete Trost und gab mir neuen Lebensmut. Sie überwand meine innere Mauer aus Wut und Aggression. Dann löste sich ihre Gestalt einfach auf.«

Erscheinungen belegen, dass die seelisch geistige Essenz des Menschen nach seinem Tod fortbesteht. Diese Essenz ist unzerstörbar, unsterblich und unabhängig von körperlichen Defekten. Die Verstorbenen sehen aus wie in der besten Zeit ihres Lebens und sind ganz und heil. Das vertraute Aussehen zeigt sich auch im Tragen von Kleidungsstücken, die sie auf der Erde besonders gerne getragen haben, oder die Kleidung, in der sie beerdigt worden sind. Eine Frau schrieb:

»Mein Sohn war durch einen Arbeitsunfall ums Leben gekommen. Er war erst 23 Jahre alt und wollte heiraten.

Sein Tod war ein Schock und er war durch den Unfall übel zugerichtet. Das kostete mich oft den Schlaf. Ich machte mir Sorgen wegen seiner Verstümmelungen. Ich saß in unserem Garten, als er eines Nachmittags wie aus dem Nichts auf mich zugerannt kam. Er trug sein lädiertes gelbes T-Shirt, das er so liebte. Sein Haar glänzte in der Sonne und er war in helles, goldenes Licht eingehüllt. Er sah übernatürlich schön aus und strahlte befreit und glücklich. Er wollte mir mitteilen, dass alles gut ist. Dann löste sich die Erscheinung einfach auf und ich konnte meine Zweifel und Ängste loslassen.«

Wir identifizieren uns zu sehr mit dem Körper. Der Körper ist die irdische Hülle des hinter allem stehenden Geistes, der durch den Tod freigesetzt wird. Die Seele als solche ist immer ganz und heil, sie ist unabhängig von psychischen und körperlichen Beeinträchtigungen. Die Erscheinung Verstorbener, im Wachbewusstsein wie auch in unseren Träumen, konfrontiert uns mit der jenseitigen Wirklichkeit, dass der reine Geist oder das Bewusstsein unabhängig vom Körper sind.

Nach einem schweren Unfall, bei dem jemand verstümmelt wurde, sind visuelle Begegnungen mit Verstorbenen sehr hilfreich. Die Verstorbenen wollen nicht, dass wir unter ihrem Tod leiden, und zeigen uns, dass sie von den Schmerzen und Begrenzungen des irdischen Körpers befreit sind. Visuelle Nachtodkontakte erweisen sich als geistige Bilder der Unversehrtheit. Wir alle werden einst die Erfahrung machen, dass wir nach dem Tod Heilung finden in der anderen Welt, in der wir auch mit den Vorangegangen wieder vereint sind.

Es gibt durchaus Fälle vollständiger Erscheinungen, in denen sich ein Verstorbener körperlich manifestiert, zusammenwirkend mit Stimme, Berührung und Geruch, wie zu Lebzeiten. Schon die Guggenheims wiesen darauf hin. Deborah erlebte die Rückkehr ihres kürzlich verstorbenen Bruders:

»Ungefähr drei Monate nach Josefs Tod lag ich im Bett neben meinem Mann und schlief. Ich spürte, wie jemand mich am Fuß rüttelte, um mich aufzuwecken. Ich schaute hin, und da saß Josef am Bettrand mit der Hand auf meinem Fuß. Er sah ganz echt aus, wie jeder andere Mensch ... Er umarmte mich – ich spürte seine Umarmung körperlich – und er fühlte sich wunderbar warm und liebevoll an, und ich roch auch sein Eau de Toilette ... Ich redete durch die Gedanken mit ihm und sagte ihm, dass ich ihn liebte. Dann verblasste er langsam.«[21]

Wenn ein Verstorbener unerwartet in Erscheinung tritt, ist das mitunter für Angehörige eine verstörende, angstauslösende Erfahrung. Doch vermag ein derartiges Erleben alte Denkkonzepte und Begrenzungen zu überwinden. Die Meisten fühlen sich getröstet und wissen aus eigener Anschauung, dass der Verstorbene weiterlebt. Für viele Eltern, die ihr Kind in jungen Jahren verloren haben, ist ein visueller Kontakt verbunden mit der Erkenntnis, dass das Kind gesund ist und dass alles physische Leiden mit dem Tod des Körpers zurückgelassen wird.

Sie machen die Erfahrung, dass die biblischen Verheißungen von Jesus Christus wahr sind.

Er sprach: »Geht und verkündet Johannes, was ihr gesehen und gehört habt: Blinde sehen, Lahme gehen, Aussätzige werden rein, Taube hören ...« (Luk 7, 22)

Eltern machen durch die Erscheinungen ihrer verstorbenen Kinder die Erfahrung, dass Blinde nach dem Tod sehen können, schwerverletzte Unfall- oder Mordopfer

unversehrt sind, Querschnittsgelähmte laufen können oder gar tanzen und dass Taube hören. Physische Einschränkungen existieren nicht länger, wie alles Leid und Schmerz in der jenseitigen Welt aufgehoben sind.
Wer das durch einen Nachtodkontakt visuell vermittelt bekommt, fühlt sich nicht länger alleine, und Ängste und unnötige Sorgen lösen sich durch die Gewissheit, dem Verstorbenen wirklich begegnet zu sein, auf. Nachtodkontakte vermögen Trauer, Zorn, Kummer und Schmerz, die vorher unabänderlich und endlos erschienen, in inneren Frieden zu verwandeln.

Begegnungen im Traum

Begegnungen mit Verstorbenen im Schlaf, also während eines Traums, werden außergewöhnlich häufig erlebt. Wenn das normale Wachbewusstsein im Tiefschlaf ausgeschaltet ist, bleibt das Unterbewusstsein in einem aufnahmebereiten Zustand. Träume von Verstorbenen unterscheiden sich erheblich von den Alltagsrestverarbeitungsträumen, die meist schon beim Aufwachen wieder vergessen sind.
Träume oder Begegnungen mit Verstorbenen weisen eine völlig andere Qualität und Intensität auf: Sie werden als außerordentlich real empfunden, haben einen geordneten Ablauf, sind sehr lebhaft, werden nicht vergessen und vermitteln die Überzeugung, dass der Verstorbene in einer anderen Wirklichkeit weiterlebt. Die Erlebenden sind von der Authentizität der realen Präsenz überzeugt. Das Erleben ruft Glücks- und Liebesgefühle hervor, die nach dem Aufwachen anhalten.

Linda hatte ihren Sohn Christian durch einen Autounfall verloren. Sie war völlig verzweifelt und machte sich große Sorgen, da sie befürchtete, dass er sehr hatte leiden müssen, bevor er starb. Zwei Monate nach seinem Tod erschien Christian ihr im Traum:

»Ich stand auf der Terrasse unseres Hauses, als Christian wie aus dem Nichts auf mich zugelaufen kam. Er strahlte und wirkte überaus glücklich. Er trug seine zerschlissenen Jeans, die er so sehr liebte, und war von einem warmen Licht umhüllt. Christian vermittelte mir Zuversicht, Liebe und Vertrauen auf eine unglaublich intensive Weise.

»Ich bin gekommen, um dir deine Sorgen zu nehmen. Der Schmerz war nur ganz kurz, als ob ich gequetscht würde. Dann war ich schon außerhalb meines Körpers und erblickte ein strahlend weißes Licht, das mich zu sich zog.« Dann drehte er sich um und war verschwunden. Als ich aufwachte, badete ich in seiner Liebe und kam endlich zur Ruhe. Die Wirklichkeit des Geschehens nahm mir alle unnötigen Sorgen.«

Vielen Menschen geht es ähnlich wie Linda, wenn sie einen Angehörigen durch einen plötzlichen, gewaltsamen Tod verloren haben: Durch Unfall, Mord, Krieg oder eine Naturkatastrophe. Sie quälen sich mit der Vorstellung, dass es wehgetan haben könnte. Aus der Vielfalt der vorliegenden Berichte kann der Schluss gezogen werden, dass Verstorbene uns mitzuteilen versuchen, dass der Körper durch gewaltsame Einwirkung schnell verlassen wird und nur wenig oder gar kein Schmerz empfunden wurde. Das wurde auch durch die berichteten Nahtoderfahrungen immer wieder bestätigt.

Bei einem bevorstehenden Tod verlassen die Menschen ihren Körper kurz vor oder genau im Moment des Todes. Sie sind dann unmittelbar schmerzfrei. Träume von Verstorbenen haben einen hohen Realitätsgehalt. Das zeigt sich auch durch Hinweise auf verschwundene Papiere, Geld oder Testamente im Traumgeschehen. Laura erzählte mir:

»Nach dem plötzlichen Herztod meines Vaters war die ganze Familie verstört. Wir wussten, dass unser Vater ein Testament hinterlassen hatte, konnten es aber in seinen Unterlagen nicht finden. Da er eine große Firma geleitet hatte, konnte der Nachlass nicht geregelt werden. Eines Nachts erschien er mir im Traum. Er wirkte so jung, wie ich ihn noch nie zuvor gesehen hatte, und lächelte gütig und liebevoll. Mein Vater vermittelte telepathisch, dass er sein Testament in die unterste Schublade seines Kleiderschrankes gelegt habe. Wir sollten uns keine Sorgen machen, alles werde gut. Am nächsten Morgen sprang ich erleichtert aus dem Bett und schaute im Kleiderschrank nach. Tatsächlich befand sich in der untersten Schublade sein Testament.«

Alle Formen von Nachtodkontakten können in Träumen auftreten: Es werden intensive Berührungen oder Umarmungen berichtet, andere vernehmen Botschaften oder hören die Stimme. Besonders häufig sind Erscheinungen. Verstorbene strahlen eine geistige Energie aus, deren Wirkung nachhaltig anhält. Der gemeinsame Nenner der Begegnungen mit Verstorbenen im Traum ist die Aussage, dass sie aussehen wie in der besten Zeit ihres Lebens. Das wird auch in den Nahtoderfahrungen immer wieder so geschildert. Vorhergehende psychische oder physische Beeinträchtigungen sind verschwunden und das Geistwesen ist ganz und heil.

Die geistige Fortexistenz ist ein Sein jenseits der körperlichen Form. Als freie, multidimensionale Wesen können die Verstorbenen jede beliebige Form annehmen, um mit uns in Kontakt zu treten. Das sind Bilder oder Projektionen, wie Hologramme, die uns vermittelt werden, damit wir sie erkennen können. Würde ein weißer Punkt auf uns zukommen, könnte das kaum mit einem spezifischen, individuellen Verstorbenen in Verbindung gebracht werden. Eine Frau berichtete:

»Mein Schwiegervater verstarb nach einem langen, auszehrenden Krebsleiden. Über Jahre mussten wir dabei zusehen, wie sein Körper immer mehr abbaute. Es war nicht immer leicht dabei zu sein und nichts tun zu können. Ich hatte eine sehr enge Beziehung zu ihm, und er fehlte mir sehr. Eines Nachts erschien er mir glücklich und unbeschwert im Traum. Alle Spuren seines Leidens waren verschwunden. Er wirkte überirdisch schön, jung und kraftvoll und vermittelte mir telepathisch, dass es ihm gut gehe und dass er über mich wache. Dann umarmte er mich und ich fühlte seine Liebe und seine Nähe. Nun konnte ich seinen Tod endlich annehmen.«

Elisa versuchte lange ein Zeichen ihres verstorbenen Sohnes zu bekommen. Eines Tages erschien er ihr in Form eines Traumes:

»Erik erschien vor mir in meiner Küche mit einem süßen, liebevollen Lächeln auf den Lippen. Ich schloss ihn in die Arme und hielt ihn lange fest. Dieser Traum war anders als alle anderen Träume, die ich je gehabt hatte. Ich konnte seine Haut riechen. Ich spürte, wie meine Lippen die Stoppeln auf seiner Wange streiften. Ich spürte, wie er sich an meine Brust legte. Es war zweifellos real – nicht vergleichbar mit den vagen Empfindungen in einem gewöhnlichen Traum.«[22]

Viele Menschen erleben Nachtodkontakte während eines entspannten Bewusstseinszustandes zwischen Wachen und Schlafen. In diesem Halbschlaf, kurz vor dem Erwachen oder vor dem Einschlafen, sind wir in einem Alphazustand, in dem wir unsere unmittelbare Umgebung zwar wahrnehmen, aber durch die Entspannung gleichzeitig davon losgelöst sind. Je entspannter wir sind, umso leichter ist es für die geistige Welt in diesem Dämmerzustand mit uns in Kontakt zu treten. Sandra erzählte:

»Das folgende Erlebnis kam mir wie ein Traum vor, aber ich befand mich eigentlich mehr in einem Dämmerzustand. Ich spürte die Gegenwart meines Vaters und hörte ihn sagen: »Ich will, dass du damit aufhörst. Ich liebe dich und liebe deine Mutter. Aber es ist an der Zeit, dass du dich auf dein eigenes Leben besinnst. Ich bin jetzt glücklich, da, wo ich bin. Bitte höre auf, mich zurückzuwünschen. Ich hab' anderes zu tun, du musst mich loslassen!« Danach war ich hellwach. Ich sah meinen Vater in der Zimmerecke stehen. Endlich konnte ich seinen Tod annehmen.«[23]

Jenseitige Traumerlebnisse

Viele Menschen berichten von außerkörperlichen Erfahrungen während eines Traumerlebens. Sie erlebten einen erweiterten Bewusstseinszustand und hatten übersinnliche Wahrnehmungen. Dabei befanden sie sich in fremden Umgebungen, sie sahen das Licht, erblickten überir-

dische Landschaften und Farben, die es auf Erden nicht gibt oder hörten himmlische Klänge. Genauso wird das Jenseits in den Nahtoderfahrungen beschrieben. Eine Frau berichtete mir in einem Telefongespräch:
»Nach dem Tod meines Mannes reiste ich nach Indien, um seinen Tod zu verarbeiten. Eines Nachts spürte ich, dass ich plötzlich über mir schwebte. Ich befand mich außerhalb meines Körpers, und da war Herbert, der mich zu sich zog. Das war wie Einssein und ich sah wunderschöne und farbenprächtige Landschaften. Dann waren wir auf einer Wiese, die in ein helles, lavendelfarbenes Licht getaucht war. Es war eine sehr friedliche und liebevolle Atmosphäre. Mein Mann umarmte mich, und wir verschmolzen miteinander. Er sagte mir, dass er immer bei mir sei und dass wir uns wiedersehen würden. Durch dieses Erleben löste sich meine dumpfe Trauer auf, und auf einmal war ich wieder hellwach und in meinem Hotelzimmer.«
Persönlich erinnere ich mich noch heute, nach 27 Jahren, an verschiedene jenseitige Traumerlebnisse mit meiner Mutter. In der ersten Zeit nach ihrem Tod begegnete ich ihr öfter in einer sanatorienähnlichen Umgebung. In anderen Berichten ist immer wieder von Heilungsorten die Rede, besonders nach einer schweren körperlichen und schmerzhaften Erkrankung. Dort werden die Betroffenen von ihren Traumata geheilt und energetisch neu aufgeladen. Sie benötigen eine Phase der Regeneration, um sich langsam an die neue Umgebung zu gewöhnen und an die Schmerzlosigkeit.
Weitere Begegnungen im Traum mit meiner Mutter fanden in fremden Umgebungen statt, auf Wiesen oder durchleuchteten Landschaften oder in verschiedenen

Räumen. Heute würde ich das so interpretieren, dass ich kurze Einblicke in die unterschiedlichen Stufen ihrer nachtodlichen Entwicklung erhalten habe. Noch heute taucht meine Mutter gelegentlich in meinen Träumen auf, jedoch längst nicht so intensiv, wie in den ersten drei Jahren nach ihrem Tod. Liebe bleibt für immer bestehen und verbindet uns miteinander.

Das außerkörperliche Erleben wird in der Fachliteratur als Vision innerhalb des Traumgeschehens bezeichnet. Wie in den Nahtoderfahrungen erweitert sich das Bewusstsein dergestalt, dass die übersinnliche Wirklichkeit geschaut wird, da alle irdischen Begrenzungen aufgehoben sind. Manche erfahren, wie es einem Angehörigen geht und wo sie in der geistigen Welt leben. Das sind eindeutige Transzendenzerfahrungen. Doris berichtete:

»Mein Sohn Uwe war mit acht Jahren an einer Gehirnhautentzündung gestorben. Eines Nachts träumte ich von einer realen Begegnung mit Uwe auf einer hell erleuchteten Wiese. Er spielte dort mit anderen Wesen. Auffällig war, dass alles in Licht eingehüllt war. Das Licht wirkte harmonisch und strahlte Liebe und Frieden aus. Nun wusste ich, dass sich mein Sohn an einem sicheren Ort befand.«

Die jenseitigen Visionen werden in ähnlichen Metaphern umschrieben wie in den Nahtoderfahrungen. Der Zuschauer wird eins mit der anderen Wirklichkeit und fühlt, dass die Trennung zwischen Diesseits und Jenseits nicht besteht. In den transzendenten Jenseitsvisionen offenbart sich auf einer tieferen geistigen Ebene, dass wir nicht von den Verstorbenen getrennt sind und dass eine höhere Wirklichkeit existiert. In den Berichten heißt es dazu auszugsweise:

»Ich weiß, dass ich im Himmel war.« »Ich fühlte die Liebe, die alles durchdrang.« »Ich sah Farben, die ich nicht beschreiben kann.« »Die andere Welt ist ein Ort der Güte und der Gnade.«
Transzendenzerfahrungen verändern die Sichtweise der Trauernden und vermögen, wieder inneren Frieden herzustellen. Verlust und Trennung erscheinen in einem neuen Licht und werden zu vorübergehenden, nur zur irdischen Welt gehörenden Erfahrungen. Das Leben nach dem Tod wird Gewissheit. Die Verbindung zwischen dieser und der anderen Welt besteht einzig durch die Kraft der Liebe, die mit dem Tod nicht endet, sondern ewig ist.

Elektrische Phänomene

Die Häufigkeit des Auftretens elektrischer Manipulationen seitens der Verstorbenen, durch die sie auf ihre Präsenz hinweisen, lässt den Schluss zu, dass Elektrizität den Schwingungen der Verstorbenen am meisten entspricht. Sie sind nicht länger durch einen Körper begrenzt, sondern bestehen aus reiner Energie und sind ein reines Bewusstsein auf einer höheren Schwingungsfrequenz. Alle Formen von Nachtodkontakten sind Energietransformationen.
Die Vielzahl der elektrischen Phänomene zeigt sich folgendermaßen: Elektrogeräte stellen sich von selbst an und aus, z.B. der Fernseher oder die Musikanlage, Kaffeemaschinen oder Wasserkocher, Lichter gehen an und aus und führen mitunter zu einer echten Kommunikation, wenn ein Angehöriger versteht, dass Verstorbene di-

rekt auf die Gedanken reagieren. Handys und Telefone spielen verrückt, Glühbirnen zerplatzen oder Computer senden eigentümliche Botschaften. Eine Frau berichtete mir ein typisches Lichtphänomen:

»Mein Mann erlitt einen plötzlichen Herztod. Die ganze Familie befand sich dadurch in einem Ausnahmezustand und wir waren wie paralysiert. Ich konnte seinen Tod einfach nicht annehmen. Eines Abends spürte ich plötzlich die Gegenwart meines Mannes, der mir seinen tiefen Frieden vermittelte. Im selben Augenblick begann die Wohnzimmerleuchte zu flackern, ging aus, und wieder an.

Ich spürte seine Nähe immer deutlicher und er war mir näher denn je. Nun fragte ich ihn direkt, ob er anwesend sei. Im selben Moment war das ganze Wohnzimmer hell erleuchtet. Wir kommunizierten auf diese Weise miteinander und ich erhielt Antworten auf meine dringendsten Fragen. Seine Wärme und Liebe durchströmten mich. Über eine Stunde hielt dieser Schwebezustand an, und die Lampen gingen immer wieder an und aus.«

Ähnliches wird auch mit Kerzenflammen berichtet, die auf einmal unregelmäßig zu tanzen beginnen, obwohl keine Quelle für Luftströmungen, für Wind oder eine Klimaanlage vorhanden ist. Eine Frau spürte die Gegenwart ihres verstorbenen Bruders:

»Ich liebe es, meine Abende mit Kerzenlicht zu verbringen. Vor ein paar Tagen starrte ich gedankenverloren in eine vor mir stehende Kerze, die plötzlich zu flackern begann, und spürte dabei die Präsenz meines Bruders. Er hatte mir schon mehrmals Zeichen seiner Gegenwart gegeben. Nun wollte ich es genau wissen und bat ihn, die Flamme still stehen zu lassen. Sie erstarrte sofort. Dann bat ich ihn darum, die Flamme langsam zur Seite zu legen. Ein Gefühl von Trost und Ehrfurcht stellte sich ein, denn die Flamme befolgte jede meiner Anweisungen. Für mich war das der absolute Beweis für die Anwesenheit meines Bruders.«

Nach dem Tod eines Angehörigen wird auch immer wieder von zerplatzenden Glühbirnen berichtet. Das lässt sich durch die Anwesenheit eines Verstorbenen in den uns umgebenden elektromagnetischen Feldern erklären. Eine Familie erlebte nach dem Tod der Mutter Folgendes:

»Innerhalb von drei Tagen brannten im Badezimmer und Wohnzimmer sage und schreibe vierzehn Glühbirnen durch. Irgendwann wurde uns bewusst, dass dieses Phänomen durch die Gegenwart unserer Mutter hervorgerufen wurde, die uns trösten wollte. Wir baten sie inständig, damit aufzuhören, und danach trat das Phänomen nie wieder auf.«

Selbst Küchengeräte führen ein Eigenleben. So berichtete mir ein Mann nach dem Tod seiner Frau:

»Lisa kochte gerne und hielt sich stundenlang in der Küche auf. Kurz vor ihrem Tod hatten wir eine neue Dunstabzugshaube einbauen lassen, die sich dann ganz plötzlich von selbst ausschaltete. Ich rief einen Techniker an und ließ alle notwendigen Teile der Schaltapparatur ersetzen. Dennoch stellte sich die Abzugshaube wieder von selbst aus. Da dämmerte mir, dass meine Frau dieses Phänomen verursachte. Sie wollte auf ihre Gegenwart hinweisen.«

Derartige Phänomene vermögen Menschen zu verunsichern und lösen sogar Angst aus. Wer sie als Zeichen der Präsenz eines Verstorbenen zu deuten vermag, fühlt sich dadurch getröstet. Nachtodkontakte sind energetische Phänomene und lassen sich eben nicht rational erklären. Auch Computer oder Handys werden auch für die nachtodliche Kommunikation verwendet. Eigentümliche Botschaften, Bilder oder SMS sind beredter Ausdruck davon:

»Suzanne erhielt zwei Wochen nach dem Tod ihres Mannes eine SMS von ihm! Sie lautete: »Wir bleiben immer zusammen, doch bin ich für dich nicht erreichbar, bis wir uns wiedersehen. In Liebe, dein Alexander.« Suzanne hielt die SMS zunächst für einen schlechten Scherz und rief bei der Mobilfunkgesellschaft an, um den Ursprung der SMS zu erfragen. Doch die Gesellschaft fand keinen Ursprung, wusste nicht, von wem die SMS gesendet worden war.«

Manchmal manipulieren soeben Verstorbene auch einen Computer. Eine Intensivkrankenschwester erzählte in einem Seminar folgende Begebenheit, die ich nie vergessen habe:

»Ich begleitete eine 92-jährige Patientin, die im Sterben lag, und kommunizierte telepathisch mit ihr, um sie zu beruhigen. Dann löste mich ihr Sohn ab. Als sie starb, war ich im Büro, um Laboranforderungen auszudrucken. Dabei kam es zu einer Fehlermeldung, als man mich informierte, dass die alte Dame gestorben war, weswegen ich sie nicht sofort aus der Patientenliste austragen konnte. Ich rief bei der Pforte an, wo mir mitgeteilt wurde, dass die Verstorbene bereits ausgetragen sei, obwohl ich dies nicht veranlasst hatte. Doch dann musste ich schmunzeln, als mir bewusst wurde, dass es offensichtlich die 92-jährige Patientin selbst gewesen sein musste, die sich auf diese Weise von mir verabschiedet hatte.«

Auch das Handy wird in den letzten Jahren immer häufiger für eine Kommunikation aus dem Jenseits genutzt. Diese Phänomene werden im Wachzustand erlebt. Oft geht es dabei um Unerledigtes, das abgeschlossen werden soll. Eine Frau berichtete:

»Kurz nach dem Tod meines Mannes klingelte mein Handy. Zu meinem großen Erstaunen vernahm ich die Stimme meines Mannes, die etwas verzerrt klang, wie von weit weg. Er war bei einem Arbeitsunfall ums Leben gekommen, doch leider hatten wir uns an dem besagten Morgen gestritten und waren wütend auseinander gegangen Nun teilte er mir mit, dass er es sehr bedaure, dass er mir nicht öfter gesagt habe, wie sehr er mich liebe. Er sei nun immer für mich da. Durch seinen kurzen Anruf war ich sehr erleichtert und konnte meine Schuldgefühle loslassen.«

Verstorbene benutzen auch Musik, um uns auf ihre Gegenwart hinzuweisen. Dann wird das Lieblingslied eines Verstorbenen – wie durch Geisterhand manipuliert – plötzlich überall gespielt: im Radio, im Kaufhaus oder in einer Gaststätte. So berichtet Lucy Jell in ihrem Buch »Alex – Die Botschaft aus dem Jenseits« von vielen derartigen Begebenheiten, welche die Autorin und ihre Familie intensiv erlebt haben. Alex' Mann Stefan erzählte Lucy:

»Er erzählte, dass er spätabends, wenn er in das Tankstellenbistro zu seinen Freunden fuhr, immer mit dem Lied von Alex: All Good Things von Nelly Furtado, begrüßt wurde. Aber nicht aus einem CD-Player, nein, aus dem Radio! So war es egal, zu welchem Zeitpunkt er das Lokal betrat, entweder beim Hineingehen oder spätestens nach ein bis zwei Minuten kam ihr Lied.«[24]

Derartiges kann nicht rational erklärt werden, da es sich um Energietransformation, bzw. Energiemanipulation handelt, die wir nicht erfassen können. In allen elektrischen Phänomenen wird die ganz spezifische, individuelle Energie eines Verstorbenen zum Ausdruck gebracht. So mancher Skeptiker wurde durch derartige Vorfälle vom Weiterleben nach dem Tod überzeugt. Intensive, mit Elektrizität verbundene Nachtodkontakte werden nie vergessen und oft auch von mehreren Personen gleichzeitig erlebt.

Physikalisch hergestellte Nachtodkontakte

Durch physikalisch bedingte Phänomene werden selbst schwerste Gegenstände hin und her bewegt oder Dinge verschwinden plötzlich, um an einer völlig unerwarteten Stelle wieder aufzutauchen. Das wird als Zeichen der Anwesenheit eines bestimmten Verstorbenen gedeutet. Energetisch betrachtet können Geistwesen die Energie vor und hinter einem Gegenstand verstärken oder vermindern, um sie dadurch in Bewegung zu setzen. Verstorbene richten ihre Energie, ihre Aufmerksamkeit, auf bestimmte Gegenstände, z.B. Schmuckstücke, Kleidung oder Bilder, die assoziativ mit ihnen in Verbindung stehen.

Die Häufigkeit der physikalischen Phänomene ist ein Indikator dafür, dass es sich weder um Zufälle, noch um eine überaktive Fantasie handelt, sondern einen authentischen Nachtodkontakt darstellt. Selbst schwerste Gegenstände werden von der Wand genommen, ohne dass der Nagel, an dem ein wuchtiges Bild befestigt war oder ein schwerer Spiegel, in irgendeiner Weise beschädigt wird. Ein junger Mann erzählte mir:

»Meine Mutter hatte schon vor vielen Jahren einen riesigen Wandspiegel neben ihrem Kleiderschrank anbringen lassen. Sie stand oft lange Zeit davor. Etwa vier Wochen nach ihrem Tod gab es plötzlich einen lauten Knall. Ich lief nach oben, um nachzuschauen, was das Geräusch verursacht hatte. Der schwere Spiegel meiner Mutter war von der Wand gefallen, ohne Schaden zu nehmen. Zu meinem Erstaunen stellte ich fest, dass der Draht auf der Rückseite völlig intakt war und auch der Nagel noch in der Wand steckte – fest verdübelt. Ich konnte mir das nur so erklären, dass meine Mutter ein deutliches Zeichen ihrer Anwesenheit geben wollte.«

Eine andere Frau erzählte mir Folgendes:

»Ich legte abends den Ring, den mein Mann mir geschenkt hatte, immer auf die Anrichte vor sein Bild. Eines Morgens war der Ring plötzlich verschwunden. Ich suchte die ganze Wohnung ab, fand ihn jedoch nicht. Zwei Wochen später lag er auf einmal auf der Anrichte. Bei mir waren schon öfter Dinge verschwunden, die dann wieder auftauchten. Ich nehme an, dass mein Mann diese Phänomene verursacht, um mir zu zeigen, dass er sich in meinem Umfeld aufhält. Das hat eindeutig auch mit seiner Art von Humor zu tun.«

Es ist nicht immer einfach mit den Zeichen der Verstorbenen umzugehen, da sie nicht rational erklärbar sind. Und doch ereignen sie sich meistens dann, wenn jemand dringend Trost benötigt. Derartige Zeichen verursachen manchmal Ängste, vor allem, wenn wir versuchen, diese seltsamen Phänomene über den Verstand zu erfassen. In Wirklichkeit handelt es sich dabei um emotionale Unterstützung seitens der Toten.

Sie richten ihre Energie auf Gegenstände, um zu vermitteln, dass sie noch in unserem Leben anwesend sind. Schmuckstücke, Kleidung, Bilder oder welche Gegenstände auch immer werden von den Verstorbenen für einen Kontaktversuch benutzt. Es kommt auch vor, dass Ringe, Bilder, Gläser oder persönliche Gegenstände, die noch die Energie des Verstorbenen in sich tragen, für eine Kontaktaufnahme verwendet werden. Suzanne berichtete mir:

»Nach dem Tod meiner Mutter war ich unendlich traurig. Sie fehlte mir so sehr. Da sie ganz unerwartet verstorben war, grübelte ich so manche Nacht. Eines Tages saß ich in der Küche, als sich einige Gegenstände selbstständig machten. So flog eine Topfblume plötzlich in hohem Bogen vom Küchenschrank. Von der Fallhöhe her hätte sie auf dem Boden zerschellen müssen, fiel mir aber ganz sanft genau vor die Füße. Diese Topfblume hatte meine Mutter sehr gemocht, und nach dem ersten Schreck wusste ich, dass meine Mutter anwesend war. Danach konnte ich meinen tiefen Schmerz loslassen.«

Schutz und Warnung

Nachtodkontakte zeigen, dass Verstorbene uns gerade in schwierigen Zeiten unterstützen und durch ihre Gegenwart, Liebe und Anteilnahme Zeichen setzen. Verstorbene sind freie Geistwesen, deren Begrenzungen durch Raum und Zeit aufgehoben sind. Sie haben daher einen allgegenwärtigen, gleichzeitigen Blick auf unsere Lebensumstände. Daher können sie gefährliche Situationen, in denen wir uns befinden, schon vorher erkennen, bevor sie für uns ersichtlich werden.

Es gibt zahlreiche Berichte darüber, dass Verstorbene uns in unmittelbaren Gefahrensituationen gewarnt haben. Ohne ihre direkte Hilfe wäre so mancher durch einen Unfall oder Nichterkennen einer Gefahr in Lebensgefahr geraten. Sabine berichtet ein typisches Erleben:

»Ich war auf dem Weg zu meinem Bruder, der in Göttingen lebt, und fuhr die Autobahnauffahrt hinauf. Es war ein grauer, trüber Tag im November. Plötzlich vernahm ich laut und deutlich die strenge Stimme meiner verstorbenen Mutter. Sie forderte mich dringend auf, sofort abzubremsen. Ich folgte ihrem Befehl und fädelte mich vorsichtig auf die Autobahn ein. Dann sah ich vor mir einen riesigen Auffahrunfall. Hätte ich nicht abgebremst, wäre ich da voll reingerast. Ich dankte meiner Mutter inbrünstig mit einem Stoßgebet!«

Derartige Hilfen oder Eingriffe erfolgen nur dann, wenn die Zeit zu sterben noch nicht gekommen ist. Verstorbene können eben nicht in unser Schicksal eingreifen. Das Leben ist ein kostbares Geschenk und alles, was uns widerfährt, hat einen tieferen Sinn. Insofern wird ein Eingriff durch einen Nachtodkontakt in dem Moment erlebt, wenn Hilfe am dringendsten notwendig ist. Manchmal warnen Verstorbene davor, ein bestimmtes Flugzeug zu besteigen. Sie können irdische Ereignisse voraussehen. Ein Mann erzählte:

»Ich wollte in meinem Urlaub nach Griechenland fliegen und hatte bereits ein Ticket gebucht. Zwei Tage vor meinem Flug vernahm ich deutlich die Stimme meiner verstorbenen Mutter, die mich eindringlich aufforderte nicht in das Flugzeug zu steigen. Schweren Herzens stornierte ich die Buchung, hatte aber das Gefühl, dass es besser war. Tatsächlich stürzte das Flugzeug ab und es gab viele Tote.«

Wer Derartiges erlebt hat, erkennt, dass Verstorbene uns in lebensgefährlichen Situationen nur dann zur Seite stehen, wenn die Zeit zu sterben noch nicht gekommen ist. Nur dann können sie gezielt eingreifen. Manchmal brauchen wir nur einen kleinen Anstoß in schwierigen Zeiten, um die Sichtweise auf unsere Probleme oder Trauer zu verändern. So mancher ist von einem Verstorbenen davon abgehalten worden, Suizid zu begehen. Eine Frau berichtete:

»Damals war ich völlig verzweifelt. Mein Mann hatte die Scheidung eingereicht und beanspruchte unseren achtjährigen Sohn. Meine Mutter war kurz davor gestorben und darüber hinaus wurde ich arbeitslos. Ich wusste nicht mehr, wie es weitergehen sollte, und wollte mir das Leben nehmen. In jener Nacht spürte ich plötzlich die Gegenwart meiner Mutter. Ich sah ihr Gesicht vor mir, das in zartes Licht getaucht war. Sie blickte mich sehr ernst an und sagte:

»Mein Kind, das Leben hat einen höheren Sinn. Es ist wichtig, die Herausforderungen anzunehmen, um an ihnen zu wachsen. Dir wird es bald besser gehen und du wirst dich mit deinem Mann wegen eures Kindes einigen. Sich das Leben zu nehmen ist keine Lösung.« Dann war meine Mutter plötzlich verschwunden, und ich fasste neuen Lebensmut. Tatsächlich fand ich kurz darauf eine neue Arbeit und einigte mich mit meinem Mann.«

Der Zuspruch und die Hilfe eines Verstorbenen vermag

den Lebenswillen zu reaktivieren. Der Trost aus dem Jenseits zeigt, dass Verstorbene weiterhin Anteil an unserem Leben nehmen.

Symbolische Nachtodkontakte

Liebe ist unvergänglich und ewig und wir bleiben durch unsere Liebe immer mit den Verstorbenen in Verbindung, unabhängig davon, in welchen Dimensionen des Jenseits sie sich aufhalten mögen. Durch Liebe sind uns die Verstorbenen näher, als wir das manchmal glauben können, da sich in unserer Innenwelt die diesseitige und jenseitige Welt berühren, jenseits des Verstandes. Die Kontaktversuche oder die Impulse Verstorbener, die auf ihre Gegenwart hinweisen, sind sehr subtiler Natur und werden häufig gar nicht wahrgenommen. Das gilt besonders für symbolische Nachtodkontakte.

Der Zusammenfall von zwei oder mehreren unerwarteten Ereignissen wird als Synchronizität, also Fügung bezeichnet. Wir werden intuitiv berührt, wenn sich von einem Moment zum anderen der Schleier der Wirklichkeit aufhebt und wir die Nähe eines Verstorbenen spüren. Im Augenblick einer solchen Erfahrung taucht eine Erinnerung auf, die sich im Jetzt durch die Präsenz eines Verstorbenen erschließt. Julia berichtete:

»Mein Sohn starb mit 38 Jahren nach einem Herzinfarkt. Er hatte immer viel zu viel gearbeitet. Ich konnte seinen Tod lange nicht akzeptieren und bekam auch keine Zeichen von ihm. Gerne unternahm ich lange Spaziergänge in der Natur. Das half mir immer wieder ins Gleichgewicht zu kommen. Ich erinnerte mich, wie oft ich mit meinem Sohn diese Wege gemeinsam gegangen war. Ich dachte wieder einmal ganz intensiv an ihn, als ich einen Lichtstrahl erblickte, der mein Herz durchdrang. Plötzlich fühlte ich eine intensive Präsenz und eine nie gekannte Wärme und Liebe durchströmten mich von innen nach außen. Ich fühlte die Gewissheit der Anwesenheit meines Sohnes als eine zutiefst innere Erfahrung.«

Zahllose Menschen erleben symbolische Nachtodkontakte, die in Form von Naturphänomenen, Regenbögen, Blumen oder Tieren auftreten. Die Art und Weise des Erscheinens eines ungewöhnlichen Naturphänomens zu einem spezifischen Zeitpunkt fallen synchron zusammen und verweisen auf die Gegenwart des Geistigen hinter unserem Alltagsgeschehen. Über die Natur sind Verstorbene uns besonders nahe, da sich ihre Anwesenheit auf die ganze Natur ausweitet, die sozusagen eine Projektionsfläche der geistigen Welt darstellt. Wer das jemals intensiv gespürt hat, nimmt in Sonnenuntergängen, dem Licht der Sonne, überraschend in Erscheinung tretenden Regenbögen, blinkenden Sternen, die Gegenwart eines Verstorbenen deutlich wahr. Eine Frau berichtete:

»Nach dem Suizid meiner Tochter verstand ich die Welt nicht mehr und machte mir schwere Vorwürfe, ihre innere Not nicht erkannt zu haben. Eines Tages fuhr ich an einen trüben Tag im November vom Einkaufen nach Hause. Plötzlich erblickte ich in den grauen Wolken einen hellen Kreis, aus dem ein farbiger Regenbogen hervortrat. Das konnte nur ein Zeichen von meiner Tochter sein, zu dieser Jahreszeit, die mit meiner inneren Stimmung korrespondierte. Zum ersten Mal fühlte ich mich wieder frei von Sorgen und Schuldgefühlen.«

Ein Regenbogen gilt als Symbol der Hoffnung und verbindet die sichtbare und unsichtbare Welt als Brücke zwischen Diesseits und Jenseits. Unterschiedliche Dimensionen werden in Einklang gebracht. In den schweren Tagen nach dem Verlust eines geliebten Menschen wird das Licht des Ewigen hinter dem Schmerz erblickt. Das ist himmlischer Trost und verweist darauf, dass wir nie von den Verstorbenen getrennt sind.
Auch Tiere sind häufig Boten der Verstorbenen. Sie tauchen wie aus dem Nichts in symbolischen Nachtodkontakten auf, ob als Hund, als Vogel, als Katze oder Schmetterling. Es besteht ein assoziativer Bezug zu einem bestimmten Verstorbenen. Vögel sind ein uraltes Symbol für die menschliche Seele. Eine Frau erzählte mir, stellvertretend für eine Vielzahl ähnlicher Berichte:
»Nach dem Tod meines Mannes tauchten in meinem Umfeld ständig Amseln auf, die ich vorher nie wahrgenommen hatte und die mich auch nicht interessierten. Ob ich mich im Garten aufhielt, spazieren ging oder den Friedhof aufsuchte, immer waren Amseln um mich herum. Ich verstand sie schließlich als Boten meines Mannes, der damit zum Ausdruck brachte, dass er immer bei mir ist.«
Ich bin überzeugt davon, dass wir viel häufiger subtile, symbolische Zeichen erhalten, als uns das bewusst ist. Viele bemerken die geistige Präsenz von Verstorbenen gar nicht, noch können sie bestimmte Zeichen mit einem Verstorbenen in Verbindung bringen. In der Vielzahl der dokumentierten Fallbeispiele ragen Erlebnisse mit Schmetterlingen in besonderer Weise hervor.
Schmetterlinge gelten als spirituelles Symbol für die Auferstehung und das Leben nach dem Tod: Die Raupe wird Schmetterling. Das Schmetterlingssymbol umschreibt

den Übergang der Seele, die im Moment des Todes aus dem Körper austritt, und gilt als Symbol der Präsenz eines Verstorbenen. Besonders häufig werden Schmetterlinge bei der Beerdigung gesichtet und das von mehreren Personen gleichzeitig. Eine Frau erzählte mir:

»Mein Mann starb Anfang Dezember. Der Tag seiner Beerdigung war ein kalter, grauer Tag. Während der Messe in unserer Dorfkirche fiel plötzlich zur Überraschung aller ein Sonnenstrahl auf den Sarg meines Mannes und ein großer, weißer Schmetterling setzte sich auf seinen Sarg. Er verblieb dort bis zur Ende der Messe. Die ganze Gemeinde hat das gesehen und ich fühlte die Gegenwart meines Mannes. Das war ein gutes Gefühl. Später sah ich den großen, weißen Schmetterling häufig auf seinem Grab und in unserem Garten. Für mich war das ein Bote der Anderswelt.«

Stefanie schrieb mir und berichtete von besonderen Schmetterlingserlebnissen:

»Als meine Mutter im Sterben lag, wartete sie, bis die ganze Familie versammelt war, und starb kurz darauf in Frieden. Nur ein paar Minuten später befand sich direkt auf ihrem Kopfkissen, neben ihrem Gesicht, ein kleiner Schmetterling, den niemand hatte kommen sehen. Es war 22 Uhr abends in der vierten Etage eines Krankenhauses und es regnete. Keine guten Voraussetzungen für einen Schmetterling. Später auf dem Flur des Krankenhauses konnte ich das Geschehen noch gar nicht verarbeiten, als der kleine Schmetterling direkt an meinem Gesicht vorbeiflog.

Ein Jahr später verstarb auch mein Vater. Nach seiner Verabschiedung, ich war gerade wieder zu Hause, rief mich mein Sohn an und erzählte mir ganz aufgeregt, er

sei in den Flur seiner Wohnung gekommen, und dort wäre ein Schmetterling direkt an ihm vorbeigeflogen – und das mitten im Januar! Er fotografierte ihn und packte den Schmetterling in einen Karton mit Honigwasser. Der Schmetterling überlebte und wurde später an einem sonnigen Tag in die Freiheit entlassen.«
Das sind sehr prägnante Beispiele dafür, wie Verstorbene auf ihre Präsenz hinweisen, und können nicht als Zufälle abgetan werden.

Die Bitte um Vergebung

In der Vielzahl der Berichte über Nachtodkontakte ist es sehr auffällig, dass Verstorbene über ihren Tod hinaus versuchen, Unerledigtes oder Versäumtes in Ordnung zu bringen. Nach dem Tod erkennen wir, dass wir eine ewige, unsterbliche Geistidentität sind, jenseits aller Rollen, die wir im Leben gespielt haben. Wir stellen fest, dass unser Ego nicht weiter existiert. Für die weitere geistige Entwicklung ist es erforderlich, sich vom Ballast erdwärts gerichteten Denkens zu befreien.
Indem wir uns von Wut, Angst, Hass, Zorn oder Aggressionen lösen, indem wir uns mit den unerledigten Dingen auseinandersetzen, entwickeln wir uns geistig weiter. Während unseres Lebens sind wir oft nicht bereit, in den Konflikten mit anderen den eigenen Anteil an auftretenden Problemen zu erkennen. Nach dem Tod stellen wir uns der Lebensrückschau, in der nichts verborgen bleibt, da alle wahren Beweggründe offengelegt werden. So mancher Verstorbene wird sich nun zum ersten Mal bewusst, was er selbst zu Problemen und Konflikten bei-

getragen hat. Es geht nicht länger um eine Projektion von Schuld auf andere, sondern wir erleben jeden Schmerz, den wir anderen zugefügt haben, aus deren Perspektive. Genau dieser Prozess führt bei vielen Verstorbenen dazu, um Vergebung und Aussöhnung mit den Lebenden zu bitten. Dazu ein prägnantes Beispiel, das mir kürzlich in einem Seminar berichtet wurde:

»Mein Vater war Alkoholiker und tyrannisierte die ganze Familie, da er oft nachts herumschrie und wir nicht schlafen konnten. Er starb vor einigen Monaten infolge eines Herzstillstands. Ich hatte schon lange jegliche Beziehung zu ihm abgebrochen, weil ich ihn nicht mehr ertragen konnte und auch nicht sehen konnte, wie er unsere Mutter behandelte. Ich ging nicht einmal zu seiner Beerdigung. Etwa zwei Monate nach seinem Tod erschien er mir im Traum. Er sah viel jünger aus als zu seinen Lebzeiten. Vor allem verblüffte mich seine überaus liebevolle Art und Weise. So hatte ich ihn noch nie erlebt. Mein Vater bat mich um Vergebung für alles, was er mir angetan hatte. Er wusste, wie schwer das mein Leben gemacht hatte. Nach dieser Begegnung im Traum konnte ich ihm verzeihen und fand meinen inneren Frieden wieder.«

Wir bleiben durch Wut, Groll oder Hass so lange an einen Verstorbenen gebunden, bis wir verzeihen können. Die Bitte um Vergebung seitens eines Verstorbenen vermag den Schmerz der Vergangenheit loszulassen. Das ist ein Akt der Befreiung für alle Beteiligten. Vergebung ist ein Akt der Liebe, wenn Lebende und Verstorbene gemeinsam verzeihen können. Wir können die Menschen, die uns im Leben begegnen oder denen wir nahestehen, nur so annehmen, wie sie sind.

Das Wichtigste ist Güte und Liebe. Unterdrückte Wut und das Nicht-Aussprechen-Können belastender Dinge lassen uns keinen Frieden finden. Der Prozess der Selbsterkenntnis durch die Phase der Erinnerung ist der Grund dafür, dass die Bitte um Vergebung und aufrichtige Reue wiederkehrende Elemente in den Nachtodkontakten sind. Eine Frau erzählte mir:
»Nach dem Suizid meines zwanzigjährigen Sohnes brach meine Welt zusammen. In mir brodelte es, ich war voll Wut auf meinen Sohn und empfand gleichzeitig tiefe Schuldgefühle. Er litt an einer schweren psychischen Erkrankung und hatte zahlreiche psychiatrische Klinikaufenthalte hinter sich gebracht. Die starken Medikamente veränderten seine Persönlichkeit. Trotzdem konnte ich seinen Tod nicht akzeptieren.
Eines Nachmittags spürte ich plötzlich seine Nähe, seine Gegenwart. Er hüllte mich mit Liebe ein, doch gleichzeitig spürte ich seine Traurigkeit. Mein Sohn vermittelte mir telepathisch, dass er das aufreibende Auf und Ab seiner Erkrankung nicht mehr hatte ertragen können. Dann bat er mich um Vergebung für all das Leid, das er mir zugemutet hatte. Meine Wut- und Schuldgefühle lösten sich auf und ich konnte ihm verzeihen.«
Verstorbene können durch den größeren Überblick, den sie durch ihre Lebensrückschau erhalten haben, immer verzeihen. Bewertungen, Polaritäten oder Gegensätzlichkeiten existieren nicht länger. Sie sehen die Dinge, wie sie wirklich sind. Ein Mann erzählte mir vom Tod seines Sohnes, der durch einen ärztlichen Kunstfehler gestorben war. Der Vater war voll Wut und Zorn auf das Operationsteam. Gleichzeitig entwickelte er starke Schuldgefühle, da er die Operation nicht verhindert hatte. Dahinter

steht das typische Was-wäre-wenn-Denkmuster, was sehr quälend ist. Etwa ein halbes Jahr nach seinem Tod nahm der Sohn im Traum Kontakt zu ihm auf:

»Er sah blendend aus, ohne irgendwelche Beeinträchtigungen, und strahlte liebevoll. Er übermittelte mir telepathisch, dass sein Übergang leicht und schmerzlos gewesen sei. Er sagte: »Papa, nicht du musst die Konsequenzen tragen, sondern die Ärzte sind verantwortlich. Ich kann dir nur sagen, dass es mir bestimmt war, so früh zu gehen. Versuche, den Ärzten zu vergeben, und höre auf damit, dich schuldig zu fühlen. Vergebe dir selbst. Alles wird gut.«

Hadern mit dem Schicksal, Wut und Zorn, blockieren uns, wie auch das Was-wäre-wenn-Denken uns stets in Sackgassen führt. Schuld auf andere zu projizieren bringt nicht weiter. Wenn Verstorbene um Vergebung bitten, machen wir die tröstliche Erfahrung, dass nur bedingungslose Liebe heilt.

Manche erkennen dadurch auch ihre eigenen Fehler, die Unterlassungen oder Verletzungen, die sie anderen zugefügt haben. Das ist nicht immer leicht. Alle Herausforderungen unseres Lebens und alle Fehler, die wir machen, haben den Sinn sie zu erkennen, zu bereinigen und die Verantwortung dafür zu übernehmen. Indem wir verzeihen und uns selbst vergeben können, können wir alte Wunden loslassen.

Die 25-jährige Bonnie war einem Gewaltverbrechen zum Opfer gefallen. Ihr Vater war am Boden zerstört und voll von Hassgefühlen und Mordabsichten dem Täter gegenüber. Während der Beisetzung spürte er:

»..., wie sich im hintersten Winkel meines Gehirns ein Gedanke kristallisierte. Fast konnte ich Bonnies Stimme hören. Sie flehte mich an dem Täter zu vergeben und für ihn zu beten. Du tust das nicht für ihn, sondern für dich! Sie bat mich inständig, es für mein eigenes Seelenheil, für meine eigene Gesundheit zu tun. Ich glaube, sie bat mich darum, weil sie ahnte, dass ich sonst jemanden umbringen oder verrückt werden würde. Dann war sie verschwunden.«[25]

Bonnie wollte ihren Vater vor einem Zusammenbruch bewahren. Es dauerte etwas, bis sein Leben wieder Gestalt annahm, doch irgendwann verschwanden seine Rachegelüste. Nach einem Mord ist es besonders schwer dem Täter zu vergeben. Doch die Angehörigen werden ihren Frieden so lange nicht finden, bis sie verzeihen können.

Die Frage, »Warum ist das meinem Kind geschehen?«, ist wenig hilfreich für die Verarbeitung. Solange wir nicht vergeben können, wird das Geschehene weiterhin belasten und den Lebensfluss blockieren, bis wir uns aus den kreisenden Gedanken darüber befreien können. Die Bitte um Vergebung seitens der Verstorbenen, ist dafür ein deutliches Zeichen. Verzeihen-Können bedeutet, sein Herz zu öffnen.

Wie Verstorbene uns im Alltag unterstützen und helfen

Zum Abschluss des Kapitels über Nachtodkontakte möchte ich ein sehr ausführliches Beispiel mit einer Vielzahl erlebter Phänomene beschreiben. Ende Juli 2017 besuchte mich Petra mit ihrer Freundin. Ihre Mutter Ingeborg war im November 2016 verstorben und begleitet sie seither auf ihrem Erdenweg durch ihre ständige Präsenz.

In einem Telefonat, das wir vor dem Besuch geführt haben, zeigte sich, dass ich mit ihrer Mutter vor einigen Jahren Kontakt gehabt hatte. Ingeborg hatte mir damals geschrieben und von einem Nachtodkontakt mit ihrem verstorbenen Mann berichtet. Sie schrieb:

»Drei Wochen nach dem Tod meines Mannes lag ich nachts wach im Bett. Plötzlich nahm eine Fülle von Licht, ähnlich einer riesigen Wolke, die ganze andere Hälfte des Bettes ein. Das Licht war gleißend, blendete aber nicht und ich wusste augenblicklich, dass es mein Mann war. Ich empfand Geborgenheit, Wärme und Frieden. Ich weiß nicht, wie ich es beschreiben soll, aber dieses Licht verschmolz mit mir. Ich war so glücklich, wie noch nie in meinem Leben. Dieses Erleben war derart intensiv und von einer solchen überirdischen Liebe geprägt, dass es mir den Eindruck vermittelte, dass sich mein ganzes schweres Leben für diesen einen Augenblick gelohnt hatte. Ich weiß jetzt, dass das Licht der Ort ist, an dem wir weiterleben werden.«

Später habe ich mit Ingeborg einige Male telefoniert, was aber die Tochter nicht wusste. Ingeborg hatte mein Buch »Die Brücke zum Licht« stets in ihrer Nähe liegen. Als Petra nach dem Tod der Mutter deren Wohnung ausräumte, war das Buch verschwunden. Sie wollte den Verlag ausfindig machen, um mit mir in Kontakt zu treten. Ihre Mutter lenkte sie auf meine Webseite. Danach nahm Petra mit mir Kontakt auf. Es gibt keinen Zufall.

Am Tag der Beerdigung nahm Petra ihren alten, dicken Wintermantel aus dem Schrank, obwohl sie wusste, dass der Reißverschluss nicht mehr funktionierte. Sie schrieb: »Ich versuchte, den Reißverschluss zu schließen – der Reißverschluss war plötzlich wieder in Ordnung. Das war eins der ersten Zeichen meiner Mama. Sie wollte mich mit diesem Mantel in ihre Liebe einhüllen.«

Schon längere Zeit vermisste sie den Ehering ihrer Mutter und konnte ihn nicht finden. Beim Ausräumen der Wohnung fand sie einen kleinen, roten Beutel. Petra schüttelte ihn aus und: »... es fielen mir einige Stifte entgegen und auf einmal sah ich den Ehering meiner Mama, der auf den Teppichboden rollte. Da wusste ich ganz genau: Mama ist bei mir und gibt mir ihren Ehering, den ich schon so lange gesucht hatte. Sie wollte mir zeigen, dass ich nicht alleine bin.«

Im März 2017 fand Petra Notizzettel, die an sie gerichtet waren. Sie nahm sie mit nach Hause und war überwältigt, als sie die Gedanken ihrer Mutter las:

»Ich war überwältigt. Meine Mama schrieb mir, warum sie sich oft so schwierig mir gegenüber verhielt, obwohl sie mich doch über alles liebte. Immer hatte ich mich gefragt, warum Mama sich so verhielt. Nie hat sie darüber mit mir geredet.«

Petra war fassungslos darüber, genau die Antwort auf die Frage zu bekommen, die sie so lange gequält hatte. Das ist eine symbolische Form der Kommunikation zwischen dem Diesseits und dem Jenseits.

Am Heiligabend 2016 hatte Ingeborg versucht, ein Fax zu versenden, und das, obwohl Computer, Scanner und Faxgerät ausgeschaltet waren. Darüber hinaus standen die Geräte in der schon fast ausgeräumten Wohnung. Erst am 12. März 2017 lagen auf einmal zwei Faxprotokolle vor Petra auf ihrem Wohnzimmertisch. Sie konn-

ten sich nicht erklären, wo diese hergekommen waren. Die beiden Protokolle hatte sie für mich fotografiert.
Ende März 2017 suchte Petra verzweifelt die Kontoauszüge ihrer bisherigen Bank, da sie zu einer anderen wechseln wollte. So sehr sie sich auch bemühte, sie konnte die Kontoauszüge nicht finden. Als sie am 27. März abends von der Arbeit nach Hause kam, lagen besagte Auszüge vollständig von September 2016 bis März 2017 geordnet auf einem Stapel auf ihrem Esstisch. Ihre Mutter hatte immer die Kontoauszüge für ihre Tochter geordnet. Petra war von der ständigen Präsenz und Hilfe ihrer Mutter völlig überwältigt.
Wie sich das nun manifestiert hat, lässt sich aus der irdischen Perspektive nicht erklären. Aber es ist ein gutes Beispiel dafür, dass Verstorbene weiter Anteil an unserem Leben nehmen und uns auch unterstützen. Sie reagieren direkt auf unsere Gedanken und Bitten.
Ingeborg starb mit 90 Jahren, doch sie liebte es, vor ihrem Computer zu sitzen. Sie erinnerte ihre Tochter immer wieder an wichtige E-Mails. Das macht sie auch heute noch regelmäßig nach ihrem Tod.
Im April 2017 spürte Petra die Gegenwart ihrer Mutter direkt neben sich. Sie schrieb:
»Ich war wie weggetreten und nicht richtig bei mir und hörte, wie meine Mama zu mir sagte: »Ich liebe dich.«
Abends erzählte sie ihrer Freundin von dieser wunderbaren Begegnung. Diese erwiderte zu ihrem großen Erstaunen: »Deine Mutter hat eben zu mir gesagt, dass das stimmt, das habe sie wirklich gesagt.«
Ende April 2017 versuchte Petra verzweifelt, einen E-Mail-Empfang auf ihrem Handy einzustellen, doch sie kannte sich überhaupt nicht aus. Sie schrieb:

»Ich drückte auf diverse Symbole, ohne genau zu wissen, warum ich das machte. Ich machte das einfach und stellte auch nichts in Frage. Normalerweise hätte ich jeden Schritt überlegt und wäre mit Sicherheit mittendrin gescheitert und nicht erfolgreich bis zum Ende des Programmes gekommen. Für mich war es so, als ob ich das Programm gar nicht alleine durchlaufen hätte. Ich wusste genau, dass meine Mutter mich durch das E-Mail-Programm geführt hat.«

Immer häufiger spürte Petra die intensive Gegenwart ihrer Mutter. Sie bekam, wie aus dem nichts heraus, ganz warme Hände und fühlte ihre Nähe. Auch bei gesundheitlichen Problemen erhielt sie Kraft und Energie aus der geistigen Welt und wurde dadurch ruhiger. Dieses häufig auftretende Phänomen von Wärme und Liebe kann sich sogar auf den ganzen Körper ausdehnen. Das sind eindeutige Zeichen dafür, dass sich ein spezifischer Verstorbener mit uns im gleichen Raum aufhält. Verstorbene weisen auf ihre Gegenwart hin, vor allem auch durch elektrische Phänomene.

Im Mai 2017 schaltete sich das Radio in Petras Büro, das gerade ausgeschaltet worden war und auf off stand, von selbst wieder ein. Wenig später wiederholte sich das Phänomen im Autoradio, als Petra gerade an ihre Mutter dachte. Auch der Fernseher schaltete sich immer häufiger von selbst ein und aus. Petras Handy ging auch ständig an und aus. Während dieser Ereignisse spürte sie die Liebe und Nähe ihrer Mutter und ihre Hände wurden warm. Dennoch bat Petra immer wieder um ein Zeichen. Sie hatte zwischenzeitlich versucht, mit mir in Kontakt zu treten und sogar eine Veranstalterin meiner Seminare angerufen. Sie schrieb:

»Am 31. Mai 2017 sagte ich morgens zu Mama: Es wäre sehr schön, wenn du mir ein ganz tolles Zeichen geben würdest, es wäre wunderschön, wenn du machen würdest, dass Herr Jakoby mich anruft. Um 11:37 Uhr klingelte mein Telefon und Sie riefen mich von Berlin aus an, wie ich es mir von meiner Mama gewünscht hatte.«

Auch von ihrem verstorbenen Vater bekam Petra Zeichen seiner Gegenwart, allerdings nicht in der Häufigkeit wie von ihrer Mutter. Etwa drei Wochen nach seinem Tod – sie schlief auf dem Sofa der elterlichen Wohnung:

»... spürte ich, wie mein Papa als Wolke ganz nah zu mir kam, die nach seinem Tabak duftete. Es war ein sehr schönes, vertrautes Gefühl voller Nähe und Liebe und machte mich sehr glücklich.«

Die Vielfalt der Phänomene, die Petra erlebt hat, ist sehr außergewöhnlich. Sie sind aber Ausdruck dafür, dass die Verstorbenen sich unterschiedlicher Möglichkeiten bedienen, um auf ihre Anwesenheit hinzuweisen. Sie wollen uns dabei unterstützen, über den Verlust hinwegzukommen. Nachtodkontakte sind für viele Menschen Kraftquellen, wodurch sie innerlich befriedet werden. Ich danke Petra von Herzen, mir ihre schriftlichen Aufzeichnungen zur Verfügung gestellt zu haben.

Medialität

Es hat zu allen Zeiten, in allen Kulturen und Religionen Menschen gegeben, die im Stande waren, Kontakte zu Verstorbenen in der Jenseitswelt herzustellen. Bereits im Urschamanismus war die Grundlage jeglicher spiritueller Tätigkeit die Verbindung zur Welt der Geister und der Ahnen. Die Schamanen vertrauten auf die Hilfe der Verstorbenen in schwierigen Situationen.

Die Medizinmänner waren nicht nur medial begabt, sondern konnten auch ihren Körper verlassen. Dadurch hatten sie Zugang zu erweiterten Bewusstseinszuständen, in denen sie mit ihren Ahnen in Kontakt treten konnten. Philosophen der Antike, wie Platon oder Homer, glaubten an ein Fortleben nach dem Tod und waren überzeugt von der Möglichkeit mit Verstorbenen in Kontakt zu treten. Selbst in der Bibel ist von den ersten Seiten an ständig die Rede davon, mit Verstorbenen, Engeln oder Gott in Kontakt zu treten.

Mediale Aussagen sind eine Hilfestellung für die Suche des Menschen nach dem Sinn des Lebens. Echte Durchgaben vermitteln Trost und Hoffnung nach einem schweren Verlust. Ein Medium ist eine Person, die durch Feinfühligkeit, Hellsichtigkeit oder Hellhörigkeit eine Verbindung mit der jenseitigen Welt herstellen kann. Jeder medialen Tätigkeit liegt ein erweiterter Bewusstseinszustand zugrunde.

Durch Hellsichtigkeit, die oft als zweites Gesicht bezeichnet wird, nimmt ein Medium Verstorbene, Bilder oder Erscheinungsformen optisch wahr. Die Wahrnehmung erfolgt über das dritte Auge.

Hellfühligkeit ist am weitesten verbreitet. Das Medium spürt und fühlt die Energie der Geister. Es nimmt ihre Persönlichkeit wahr und auch die emotionale Verfassung. Durch Hellhörigkeit werden Stimmen, Töne und Gedanken akustisch erfasst. Von Hellwissen spricht man, wenn ein Medium intuitiv gewisse Dinge weiß.

Wir sollten ein Medium nicht mit einem Wahrsager verwechseln, der die Zukunft voraussagt. Es ist vielmehr ein Botschafter, ein Kanal zwischen Diesseits und Jenseits. Insofern ist die Aufgabe eines Mediums heilsame Trauerarbeit. Sie versuchen durch die Sittings den Angehörigen durch präzise Details zu beweisen, dass das persönliche Weiterleben nach dem Tod Wirklichkeit ist.

Häufig stehen uns tiefsitzende Ängste im Wege, wenn Verstorbene mit uns in Kontakt treten, um uns zu versichern, dass sie nach wie vor um uns sind, dass wir nicht von ihnen getrennt sind und dass das Leben nach dem Tod Wirklichkeit ist. Der Tod ist nicht das Ende, sondern ein Neubeginn. Die Verstorbenen versuchen, die trauernden Hinterbliebenen aus ihrer Angst, Wut und Traurigkeit zu befreien, durch Zeichen ihrer Anwesenheit oder durch ein Medium.

Es gibt keinen Grund, warum wir uns vor den Verstorbenen fürchten sollten. Sie sind immer in unserer Nähe und wollen uns beistehen. Je intensiver wir uns ihre Existenz bewusst machen, desto mehr erfahren wir, dass im Grunde genommen jeder den Zugang zur Welt der Verstorbenen finden kann.

Die meisten Menschen verschließen immer noch die Augen vor dem Sterben und versuchen, jeden Gedanken daran zu verdrängen. Dahinter steht die Annahme, dass im Augenblick des Todes das Bewusstsein für immer ausgelöscht wird. Je festgefahrener derartige Überzeugungen sind, umso schwieriger ist es für die Verstorbenen, zu ihren Angehörigen durchzudringen. Wir bestrafen uns selbst und entwickeln Schuldgefühle, wenn wir uns ständig die Frage stellen, was wir hätten anders machen können.

Hinterbliebene glauben sogar, dass die Toten leiden und sie deshalb auch leiden müssten. Doch die Vergangenheit lässt sich nicht rückgängig machen, sie muss akzeptiert werden. Nur weil wir die Verstorbenen nicht länger berühren oder hören können, heißt das eben nicht, dass wir ihre Präsenz nicht fühlen können. Die Verstorbenen wollen nicht, dass wir leiden, und deswegen ist mitunter eine direkte Botschaft aus dem Jenseits notwendig. Das bekannte Medium Gordon Smith schreibt:

»In den mehr als zwanzig Jahren meiner Tätigkeit als Medium, in der ich die trauernden Hinterbliebenen wieder mit jenen zu verbinden versuchte, die sie verloren hatten, habe ich Tausende von Fällen erlebt, in denen das Verständnis über das Weiterleben der Seele Menschen aus einer Art Kokon der Depression herausholte, in den sie sich zurückgezogen hatten.«[26]

Vorstellungen von Verurteilung, Strafe, Verdammnis und endloser Qual oder imaginierte perfekte, engelsgleiche Wesen verwandeln sich in eine Strafe für die Lebenden. So mancher glaubt, dass wir allen möglichen jenseitigen Mächten hilflos ausgeliefert sind. Aus der Perspektive der Toten jedoch, die mit uns in Kontakt treten, werden wir mit der Wirklichkeit der anderen Dimension konfrontiert: Es gibt weder Strafe noch Verdammnis noch eine immerwährende Hölle.

Wir sind es, die nicht glauben können, dass es lichtvolle Dimensionen nach dem Tod gibt, in denen Liebe, Verständnis und Verzeihen möglich sind, wenn die Eigenverantwortung für das Leben übernommen wird. In allen dokumentierten Sittings auf der ganzen Welt zeigt sich, dass Verstorbene weiterhin an unserem Leben teilhaben und über alles, was in unserem Leben geschieht, Bescheid wissen. Obwohl sie auf der anderen Seite eigene Aufgaben und Pflichten zu erfüllen haben und mit der eigenen Weiterentwicklung beschäftigt sind, sind sie nur einen Gedanken entfernt und haben tiefe Einblicke in unser Leben.

Die Seelen der Abgeschiedenen existieren auf einer höheren, unbegrenzten Stufe des Bewusstseins weiter. Sie sind so viel weiser, als sie es auf der Erde gewesen sind und besitzen eine Klarheit des Geistes. Durch die Lebensrückschau lösen sich Begrenzungen und Ängste auf. Deswegen verstehen sie die Gesamtzusammenhänge des Lebens besser als je zuvor. Sie haben Einblicke in das größere Ganze und können uns mit ihren Informationen helfen und trösten.

Verstorbene wollen Hinterbliebene unterstützen, damit sie ihren Schmerz, ihren Zorn und ihre Schuldgefühle auflösen können, um neuen Lebensmut zu finden. Sie versuchen, Klarheit in unerledigte Dinge zu bringen. In der jenseitigen Welt herrscht ein Wissen um die wahren Zusammenhänge eines Konfliktes oder einer Situation. Jenseits von Raum und Zeit sind Verleugnungen oder Verdrängungen nicht länger möglich. Gordon Smith schreibt:

»Sobald unsere Seele die physischen und mentalen Zustände überwunden hat, die unser Verhalten auf der Erde bestimmen, dehnt unser Geist sich aus und wird nicht länger von engstirnigen Emotionen verletzt oder eingeschränkt. Ohne einen Körper gibt es weder die Bedürfnisse noch die Wünsche nach sinnlichen Vergnügungen, die zu unseren Lebzeiten oft dafür sorgen, dass wir einander so übel mitspielen.«[27]

Nach dem Tod vertieft sich unser geistiges Bewusstsein, wodurch wir die Dinge, wie sie wirklich sind, erkennen. Wie wir schon in den Nachtodkontakten gesehen haben, bleibt die Persönlichkeit eines Verstorbenen klar erkennbar. Sie entscheiden darüber, in welcher Form sie uns erscheinen, wie sie gesehen werden wollen, ob jung oder alt, und was sie uns mitteilen wollen. Sie wissen genau, wann der Zeitpunkt für ihr Erscheinen sinnvoll ist. Das Medium Thomas John schreibt:

»Verstorbene haben keinesfalls im Sinn, uns von der anderen Seite her zu gängeln. Sie sind vorwiegend mit ihrer eigenen spirituellen Entwicklung befasst, und die besteht aus höheren Lerninhalten, die nur unser höheres Ich wirklich erfassen kann. Dennoch geben sie uns Lebenden auch Orientierung und Anleitung, und das können sie, weil sie drüben zu höheren Erkenntnissen und tieferen Einsichten Zugang haben als wir.«[28]

Die Seelen wollen dabei helfen, etwas zu bewegen, und geistigen Rückhalt bieten. Sie handeln aus der Liebe heraus und wissen, wie wichtig es im Leben ist, mit sich ins Reine zu kommen, damit wir eine uneingeschränkte Selbstbejahung, Selbstliebe und Menschenliebe entwickeln. Die Verstorbenen lieben uns bedingungslos und sehen uns so, wie wir wirklich sind. Trotz aller Fehler und Schwächen lieben sie uns ohne etwas zu erwarten.

Verstorbene manipulieren niemals unsere Lebenswirklichkeit, noch greifen sie in unsere Entscheidungen ein. Der freie Wille bleibt unantastbar. Sie vermitteln Anleitung und Orientierung, da sie zu weitaus höheren Einsichten und Erkenntnissen Zugang haben. In einer medialen Sitzung kommt es auf klare Beweise für die Realität eines Kontaktes an. Das bekannte amerikanische Medium Thomas John schreibt:

»Vor manchen unbequemen Wahrheiten können wir weglaufen, andere stellen uns nach. Manche Botschaften heilen, andere sagen einfach die volle Wahrheit. Manchmal kommt es darauf an, wirklich alles zu hören, auch die beklemmenden und vielleicht beschämenden Details. Man kann sich eine Weile blind und taub stellen, aber nicht für immer. Es wirkt mit der Zeit verstörend. Manchmal kann das Wissen um die genauen Todesumstände eine Heilung einleiten, die uns erlaubt, endlich richtig um den geliebten Menschen zu trauern.«[29]

Die gesamte mediale Literatur auf der Grundlage unzähliger Sittings durch verschiedene Medien bezeugt in eindeutiger Weise, dass niemand im Jenseits bestraft wird, außer durch sein eigenes verurteilendes Gewissen. Wenn die physischen oder mentalen Zustände, die uns auf der Erde einschränken, überwunden sind, erweitert sich das Bewusstsein.

Wir sind dann nicht länger durch Emotionen begrenzt, die uns früher dazu brachten, egoistisch, eifersüchtig oder gierig zu sein. Wir wollen andere nicht länger kontrollieren, noch uns gegen andere auflehnen. Geistwesen berichten, dass sie früher oder später eine Art spirituelle Erleuchtung erreichen, wodurch sie ein Verständnis für ihr Leben, wie es wirklich war, erlangen und ihre guten und bösen Taten akzeptieren können.

Erdgebundene Seelen

Die meisten der heute vorliegenden Nachtodberichte sind durchweg positiver Natur. Verstorbene bezeugen ihre Liebe zu den Hinterbliebenen mit Achtung und Respekt, ohne die Angehörigen in irgendeiner Weise manipulieren zu wollen. Dennoch gibt es auch negativ erlebte

Kontakte mit Verstorbenen. Hinterbliebene wissen häufig intuitiv, wenn ein Verstorbener seinen Frieden noch nicht gefunden hat. Das drückt sich durch Beklommenheit, Getriebensein, Unwohlsein oder Angst aus. Das sind Projektionen der Abgeschiedenen, die ihren seelischen Zustand widerspiegeln.

Diese Seelen werden von der Forschung als erdgebunden bezeichnet. Sie sind im Übergang zwischen dieser und der anderen Welt steckengeblieben, durch erdwärts gerichtetes Denken. Eine noch erdgebundene Seele versteht nicht, dass sie gestorben ist, geht also völlig unwissend oder unvorbereitet ins Jenseits.

Andere bleiben durch Rachsucht, Gier oder Hass an Personen oder Orte gebunden, können Angehörige oder ihren Besitz nicht loslassen. Sie fühlen sich nicht vom Licht angezogen und fliehen vor ihm. Diese Zwischenwelt ist eine Sphäre des niedrigstmöglichen Bewusstseins. Sie bleiben so lange in diesem Zustand verhaftet, bis sie sich von ihren Gewissensqualen befreien und um Hilfe bitten.

Niemand wird in der geistigen Welt zu etwas gezwungen, doch es bleibt keinem erspart, sich seinen schmerzhaften Erinnerungen zu stellen. Die herumirrenden erdgebundenen Seelen richten ihre Aufmerksamkeit weiter auf die Erde, die sie für die einzig mögliche Realität halten.

Sie können ihre Angehörigen zwar wahrnehmen, sich ihnen aber nicht wirklich bemerkbar machen. Viele kehren an den Ort zurück, an dem sie gelebt haben, und versuchen, ihr Leben fortzuführen, als wäre nichts geschehen. Dazu ein Beispiel:

»Meine Frau verstarb mit 28 Jahren aufgrund eines schweren Krebsleidens. Sie konnte mich nicht loslassen und deswegen zog sich der Sterbeprozess lang und qualvoll hin. Wir hatten eine tiefe Seelenverbindung, doch versuchte sie, mich schon während ihres Lebens zu beeinflussen. Bald nach ihrem Tod spürte ich ihre Gegenwart, sie wirkte traurig, schwermütig, aber auch aggressiv. Sie konnte mich nicht loslassen, bedrängte mich und brach sogar in meine Träume ein. Das war alles andere als angenehm. Ich habe dann inständig für sie gebetet und bat sie, ins Licht zu gehen. Nach etwa einer Woche löste sich der schwere Druck, der auf meiner Seele lastete.«

Eine erdgebundene Seele ist ein Wesen, welches der Hilfe bedarf. Wir haben von einem Verstorbenen nichts Böses zu erwarten. Sie haben nicht die Macht, in den freien Willen einzugreifen, und wir können sie durchaus auffordern, uns in Ruhe zu lassen. Die Bindung an eine lebende Person durch einen Verstorbenen kommt nur dann zustande, wenn beide nicht loslassen können. Wir nehmen in unserem Inneren wahr, wenn eine Seele erdgebunden ist, da wir das permanente Gefühl haben, dass etwas nicht stimmt.

Traurigkeit, Angst, Schwermut oder Unwohlsein sind die Folge. Es ist wichtig, diese Emotionen nicht auf sich selbst zu beziehen. Es ist der Versuch eines Verstorbenen, Aufmerksamkeit und Hilfe zu bekommen. Die Zwischenwelt ist keine Hölle, in der Verstorbene ihre Taten sühnen müssen. Wir sind lediglich mit dem eigenen Bewusstseinszustand konfrontiert. Die Zwischenwelt ist ein Durchgangsort, bis die Seele bereit ist, sich um geistigen Fortschritt zu bemühen und um Hilfe zu bitten.

Eine Frau erzählte mir:

»Mein Bruder wurde durch einen Herzinfarkt mit 40 Jahren aus dem Leben gerissen. Er war glücklich verheiratet und hinterließ zwei Söhne. Wir wussten nicht, dass er total verschuldet war. Seine Frau entdeckte das erst, als Überweisungen nicht mehr durchgeführt wurden. Das war für alle ein Schock. Kurz nach seiner Beerdigung spürte ich die Gegenwart meines Bruders, was aber keineswegs mit einem positiven Gefühl verbunden war. Ich spürte seine Angst und sein Versagen. Er brauchte wohl meine Hilfe. Dieses negative Präsenzgefühl erstreckte sich über mehrere Wochen. Ich fühlte mich wie bedrängt. Da ich mir keinen Rat mehr wusste, rief ich ein befreundetes Medium an, das sich mit meinem Bruder in Verbindung setzte. Die Dame half ihm dabei, sich von seiner Schuld zu befreien. Unmittelbar danach hörte das negative Gegenwartsgefühl auf. Später erschien mir mein Bruder noch einmal im Traum. Er schien seinen Frieden gefunden zu haben, da er gelöst und glücklich wirkte, und er bedankte sich für meine Hilfe.«

Medien berichten darüber, dass sich im Moment des Hinübergehens manche Seelen sofort auf das vorangegangene Leben fokussieren. Gordon Smith schreibt:

»Wenn eine Seele in ihrem Erdenleben ein boshafter Mensch gewesen ist, wird er oder sie Gebete benötigen, um in der geistigen Welt voranzukommen. Es ist nicht möglich, uns weiter zu schaden – stattdessen kämpft sie mit ihrem eigenen Gewissen. Wenn wir uns selbst einreden, dass etwas Böses uns zurückhält, werden wir zurückgehalten – von wem? Natürlich von uns selbst, nicht von der verstörten Seele.«[30]

Wenn jemand jedoch seinen Tod nicht akzeptieren kann, weil er zu stark im Leben verwurzelt ist oder in seiner Familie, können die irdischen Bindungen zur Falle werden. Es ist das persönliche Glaubenssystem, das uns nach dem Tod an der irdischen Ebene festhalten lässt. Diese Wesen sind erdgebunden, weil sie sich weigern, den Weg in die geistige Welt anzutreten.

James van Praagh, das wohl berühmteste Medium der Welt, erklärt in seinem Buch »Jenseitswelten« durch ein Beispiel die Gesamtzusammenhänge. Bill war sehr stark von seinem Ego und seinen Besitztümern geprägt und glaubte nicht an ein Leben nach dem Tod.

»Eines Tages nun starb dieser Mann und erwachte im Jenseits. An seiner irdischen, materiell-orientierten Geisteshaltung hatte sich nichts geändert. Verzweifelt versuchte er, seine Besitztümer festzuhalten. Er begriff nicht, dass der ätherische, graue, trübe Nebel, in dem er sich bewegte, nur der Schatten seiner ehemaligen physischen Welt war. Da ihm das nötige Bewusstsein und jegliche Vorbereitung fehlte, blieb Bill auf Erden, geisterte in seinem alten Haus herum und versuchte, mit seinen Angehörigen Kontakt aufzunehmen. Dieser zwischenweltliche Zustand kann Stunden, Monate oder gar Jahre dauern, je nachdem, wann in Bill der Wunsch aufkommt, die Physis hinter sich zu lassen und den Weg in die astralen oder höheren Reiche anzutreten.«[31]

Alles, was wir in der physischen Welt erlebt haben, ist in unserer Essenz eingraviert, wie auch alle Probleme und Unsicherheiten erhalten bleiben. Wir finden uns zunächst auf der Ebene wieder, die den eigenen Vorlieben entsprechen. Die Zwischenwelt oder niedrigste Ebene der astralen Welt ist ein Umfeld, das durch Gedanken, Worte und Taten jener erschaffen wurde, die Leid und Schmerz über die Welt gebracht haben. Eine derartige Seele muss ihre niedrigen Begierden überwinden, um spirituell zu erwachen.

Beim kleinsten Funken Selbstkritik oder der Bitte um Hilfe stehen Geistführer bereit, diese Wesen aus ihrer selbstgeschaffenen Dunkelheit zu befreien. Keine Seele kann jemals verloren gehen, da sie von der Gotteskraft durchdrungen ist. Thomas John bekräftigt:

»Wenn wir hier Schlimmes anrichten – Mord, Misshandlung, Diebstahl und so weiter –, werden wir dafür zwar drüben in dieser oder jener Form zur Verantwortung gezogen, aber wir werden nicht bestraft oder ins Arbeitslager geschickt, sondern müssen spirituelle Lektionen lernen, die uns erlauben, solche Neigungen hinter uns zu lassen, um uns spirituell weiterentwickeln zu können.«[32]

Für Erdgebundenheit gibt es eine Reihe unterschiedlicher Gründe:

- Der Tod tritt plötzlich und unerwartet ein, zum Beispiel durch einen Unfall oder Gewalteinwirkung. Die Seele ist orientierungslos und ist sich nicht bewusst, dass sie gestorben ist.
- Erdgebundene Seelen sind mental wie auch emotional in einem Extremzustand, wodurch Gedanken und Gefühle verstärkt werden. Sie stecken sozusagen in ihren Gedankenspiralen fest.
- Die Betroffenen haben unerledigte Dinge zurückgelassen und wollen das regeln. Erst wenn sie ihre Fehler einsehen und ihre Verbissenheit loslassen, geht die Reise weiter.
- Manche klammern sich mit Macht an ihren Besitz, den sie nicht loslassen können. Gier und Rachsucht sind weitere Gründe für Erdgebundenheit.
- Sehr religiös geprägte Menschen entwickeln häufig Angst vor dem Leben nach dem Tod, da sie an die

Hölle oder ewige Verdammnis glauben. Sie werden mit ihren eigenen Ängsten konfrontiert und können darin steckenbleiben.

Genau auf diese Zusammenhänge wollen uns die Verstorbenen hinweisen, wenn sie mit uns in Kontakt treten. Wir werden wiedererinnert, dass wir alle spirituelle Wesen sind und dass der Tod nicht das Ende unserer ewigen Existenz ist. Wenn wir die Botschaften der geistigen Welt mit Achtung, Respekt und Würde behandeln, lernen wir, unser Herz der Liebe zu öffnen und danach zu handeln. Wir besinnen uns auf unseren geistigen Ursprung, was sehr viel Leid und unnötige Trauer ersparen kann.

Wie wir den Kontakt zu einem Verstorbenen herstellen können

Grundsätzlich verfügt jeder Mensch über einen gewissen Grad an Sensitivität bzw. Medialität, doch nicht jeder wird mit stark ausgeprägten übersinnlichen Fähigkeiten geboren. Es sollte jedem bewusst sein, dass ein Nachtodkontakt nicht erzwungen werden kann. Wir können darum bitten oder beten, doch nicht jeder Verstorbene will sich mit seinen Angehörigen in Kontakt setzen. Das ist eine Tatsache, die akzeptiert werden muss.
Als Menschen haben wir keinen direkten Zugang zur geistigen Welt. Gebete sind ein Lichtstrahl, die einen Verstorbenen erreichen, wo immer er sich in der geistigen Welt aufhalten mag. Wenn wir uns nach einem Kontakt sehnen, ist es wichtig zu verinnerlichen, dass wir

durch unsere Liebe immer mit den Verstorbenen in Verbindung bleiben und nicht von ihnen getrennt sind, auch wenn wir das so empfinden.
Der göttliche Funke des höheren Selbst wohnt in jedem von uns. Das ist unser innerstes Zentrum und zugleich die Schnittstelle zwischen dieser und der anderen Welt. Alle Kontakte mit Verstorbenen finden über dieses innewohnende Energiezentrum statt. Dadurch können wir Zugang zu Informationen aus der geistigen Welt erhalten.
Um diese Mitte unseres Seins zu erfühlen, ist es erforderlich immer wieder die Ruhe und Stille zu suchen, den Kopf leer zu machen, um die Gedanken auf einen Punkt zu fokussieren. Der erste Schritt zur Kontaktaufnahme ist die Meditation. Ohne Meditation wird es schwer, Bilder oder Eindrücke, die übermittelt werden, zu verarbeiten oder zu verstehen.
Konzentrieren Sie sich zunächst auf Ihren Atem, auf das Aus- und Einatmen. Achten Sie darauf, dass die Gedanken nicht abschweifen. Die Augen sollten dabei geschlossen bleiben. Es geht darum, die Verbindung mit der inneren Stimme herzustellen, um intuitiver zu werden. Wer das täglich auch nur ein paar Minuten übt, wird irgendwann eine spürbare Präsenz wahrnehmen. Je mehr wir den Fokus auf einen bestimmten Verstorbenen ausrichten, umso eher können wir seine Gegenwart spüren.
Das Jenseits ist ein unendliches Feld von energetischen Informationen, die durch Vertrauen, Authentizität und Offenheit angezapft werden können. Das ist die wahre Wirklichkeit der Liebe, in der wir immer geborgen sind, von der die Verstorbenen ein Teil sind.

Um einen Kontakt herzustellen, ist eine positive Erwartungshaltung erforderlich, verbunden mit Geduld und Achtsamkeit. Es kann möglicherweise Wochen oder Monate dauern, bis Sie ein Zeichen erhalten. Nicht jede Bitte oder jedes Gebet wird sofort erhört. Vertrauen Sie der eigenen Intuition, da die Zeichen der Verstorbenen sehr subtil sind und nicht sofort bemerkt werden.

Jeder Kontakt mit einem Verstorbenen ist ein zutiefst innerseelisches Erleben. Sie werden vermittelt durch Impulse der inneren Stimme. In der Ruhe und Stille der Meditation können wir eine einfache Frage an den Verstorbenen richten, ohne jede Erwartung. Der Verstorbene kann durch Gedanken angesprochen werden, ebenso wie durch laut ausgesprochene Worte.

Was ist der erste Impuls, der vernommen wird? Taucht ein inneres Bild auf oder werden Worte oder Sätze gehört? Vielleicht wird eine telepathische Botschaft übermittelt. Je mehr Vertrauen aufgebracht wird, umso wahrscheinlicher stellt sich die Präsenz ein, oder wir erhalten ein Zeichen. Das alles erfordert Geduld.

Wir können uns jederzeit gedanklich mit einem Verstorbenen verbinden. Gedanken sind reine Energie und erreichen ihren Empfänger. Wenn noch unausgesprochene Dinge zwischen einem Lebenden und einem Toten im Raum stehen, richten Sie Ihre Gedanken auf ihn und sprechen laut oder in Gedanken alles aus, was Sie auf dem Herzen haben. Seien Sie gewiss, dass alle Botschaften den Verstorbenen erreichen. Das bedeutet nicht, dass sich unmittelbar ein Gegenwartsempfinden einstellt, aber Sie entlasten sich selbst, indem Sie diese Dinge ansprechen. Sie können für dieses kleine Ritual auch eine Kerze anzünden oder ein Foto aufstellen. Sie können

auch einen Brief schreiben, in dem Sie alles formulieren, was Sie loswerden wollen.
Trauen Sie sich, den Verstorbenen direkt anzusprechen. Fragen Sie um Rat. Erfühlen Sie in Ihrem Inneren, ob Sie eine Antwort bekommen. Lassen Sie sich Zeit, erwarten Sie nichts. Formulieren Sie genau, was Sie fragen wollen oder aussprechen möchten. Laden Sie ihn in Ihre Träume ein und achten Sie darauf, was Sie fühlen. Seien Sie offen für alles, was in Ihrem Umfeld geschieht. Halten Sie aber auch Ihre Wut oder Enttäuschung nicht zurück. Manche brauchen für die Zwiesprachen einen Ort in der Natur, beispielsweise einen Park, oder sie gehen regelmäßig auf den Friedhof. Wichtig ist einfach, sich dabei wohlzufühlen.
Atmen Sie immer wieder tief ein und aus. Öffnen Sie Ihr Herz und lassen Sie Ihre Gefühle in die Zeitlosigkeit des Jetzt fließen. Entspannen Sie sich. Dadurch machen Sie sich empfänglicher für die subtilen Seelenimpulse Ihrer Innenwelt. Durch Tiefenentspannung konzentrieren wir uns auf die geistige Dimension des Seins, die unser wahres Kraftpotenzial ist. Wir werden offener für die Begegnungen und Kontakte mit Verstorbenen. Es ist überaus sinnvoll, alle Erlebnisse oder Zeichen zu protokollieren. Achten Sie auf Ihre Träume. Am besten ist es, wenn Sie alles aufschreiben, was Sie geträumt haben: Wie sah er aus? Welche Kleidung trug er? In welcher Umgebung fand die Begegnung statt? Durch Träume erfahren wir, dass die Toten noch sehr lebendig sind. Verstorbene erscheinen im Traum wie in der besten Zeit ihres Lebens und sind ganz und heil. Alle vorherigen Einschränkungen psychischer oder physischer Natur sind aufgehoben. Früher oder später spüren Sie tief in Ihrem Inneren, dass

sich jemand mit Ihnen im gleichen Raum befindet. Sie wissen intuitiv, um wen es sich handelt, und vernehmen die spezifische Ausstrahlung eines Verstorbenen. Sie fühlen eine unmittelbare Nähe und sind eingehüllt in Liebe, Wärme und Geborgenheit. Für einen zeitlosen Augenblick hebt sich der Schleier zwischen dieser und der anderen Welt.

3. KAPITEL

Nachtodkommunikation

Das Jenseits

Die Auseinandersetzung mit dem heutigen Wissen über das Jenseits eröffnet den Blick in eine multidimensionale Wirklichkeit. Das kann dabei behilflich sein, das Leben aus einer völlig neuen Perspektive zu sehen. Die augenscheinlichste Botschaft der Nahtoderfahrungen und der Nachtodkommunikationen ist die allen gemeinsame Aussage, dass wir Menschen nur durch unsere Egos, unsere Vorstellungen und Ängste und den eklatanten Mangel an Liebe voneinander getrennt sind.

Wir alle haben den gleichen göttlichen Ursprung und der liegt in der allgegenwärtigen Energie der Liebe, einem Bewusstsein, das alles und jeden durchdringt, eine formlose, multidimensionale Wirklichkeit. In der geistigen Welt, wo wir uns selber besser kennen und verstehen, erlangen wir ein neues Verständnis des Eingebundenseins in das Göttliche. Das Bewusstsein erweitert sich, wird heller und klarer, je mehr erdwärts gerichtetes Denken abgestreift wird.

Die Verstorbenen erleben, dass sie weitaus mehr sind als ihr Ego oder Erden-Ich. Für den klaren Geist gibt es keinerlei Begrenzungen mehr und durch die Erkenntnis und Verschmelzung in die Allgegenwart Gottes erkennen sie, dass sie immer schon ein Teil Gottes gewesen sind. Es gibt nur eine einzige Lebenskraft und dieses Gottesbewusstsein erfüllt alles Sein. Die göttliche Multidimensionalität durchdringt Bandbreiten von Frequenzen und Schwingungen und wirkt auf allen Stufen der Wirklichkeit.

Der göttliche Funke ist in jedem von uns. Um Gott zu erreichen, müssen wir uns nur nach innen wenden. ER ist das große, formlose EINE, die einzige Lebensenergie, und das ist unabhängig davon, ob wir Gott als Allah, Tao, Jehova, Jesus oder Großer Geist bezeichnen. Himmel und Hölle sind keine Orte, sondern Bewusstseinszustände. Wer Gott in seinem Inneren sucht, findet sich selbst. Jeder trägt diesen höheren Teil in sich und vermag die Präsenz des höheren Selbst in sich zu spüren. Wir sind nie alleine.

Wenn wir uns im Folgenden damit beschäftigen wollen, wie unsere Entwicklung nach dem Tod weitergeht, ist die Voraussetzung dafür die faktische Unsterblichkeit der menschlichen Seele. Das Ich des Menschen bleibt bestehen und der Tod ist nicht das Ende der menschlichen Existenz. Die Auseinandersetzung mit dem Jenseitswissen vermittelt die Gewissheit, dass eine andere Welt hinter unserer Alltagswirklichkeit existiert.

Ob durch Todesnähe, spontane spirituelle Durchbrüche, Gotteserfahrungen, die Botschaft durch ein Medium oder intensive Nachtodkommunikationen, all diese Erfahrungen haben einen gemeinsamen Nenner: Diese Menschen erleben einen erweiterten Bewusstseinszustand und erhalten Zugang zu Informationen, die ihnen vorher verborgen waren. Dennoch bleibt ihr Ich-Bewusstsein intakt, während sich Zeit und Raum aufheben in eine unbeschreibliche Gleichzeitigkeit des Erlebens.

Alle Abläufe beschleunigen sich und münden in eine Erweiterung der Wahrnehmungsmöglichkeit. Auch das Denken wird intensiver, schärfer und präziser. Alles Gewahrsein ist unabhängig von unseren Körpersinnen, ist also rein geistiger Natur.

Es gibt eine Übereinstimmung der Schilderungen über das Fortleben und über unsere ewige geistige Präsenz. Niemand, der darüber schreibt, wird den Anspruch erheben, all diese Dinge aus persönlichem Erleben zu wissen. Was immer in den Nahtoderfahrungen oder durch Verstorbene über das Leben im Jenseits beschrieben wird, ist Ausdruck unterschiedlicher Bewusstseinszustände, die sich nicht ohne Weiteres objektiv erfassen lassen, schon aufgrund der vermeintlichen Subjektivität des Erlebens.

Wenn wir sterben, sind wir nicht automatisch eine ganz andere Persönlichkeit, sondern das, was in unserem Bewusstsein an Entwicklung und Verständnis für geistige Dinge vorhanden ist. Dadurch stehen wir in Resonanz zur Gesamtheit dessen, was wir gedacht und getan haben. Niemand ist von den unerledigten Dingen seines Lebens befreit. Wir erwachen in einer Welt der Liebe und des Lichtes, was aber nicht unbedingt von jedem Wesen als angenehm empfunden wird.

Wenn andere Glaubenskonzepte oder Vorstellungen über das Nachtodliche bestanden haben, ernten wir nun, was wir gesät haben. Deswegen existiert auch die Zwischenwelt der verlorenen Seelen. Wer Leid, Schmerz und Hass auf der Erde verbreitete, findet sich in einem ihm entsprechenden Umfeld wieder. Das ist lediglich ein Spiegel des jeweiligen Bewusstseinszustandes: Gleiches zieht Gleiches an. Und doch wird jeder von Gott bedingungslos geliebt. Die Erfahrung von Dunkelheit ist lediglich ein vorübergehender Bewusstseinszustand.

Wer bereit ist, sich weiterzuentwickeln, wird geistig erwachen und kann um Hilfe bitten, die jedem gewährt wird. Wir sind das Produkt unserer Gedanken, Worte und Taten und stehen nun vor der ungeschminkten Wahrheit unseres Lebens und all den Konsequenzen unserer Handlungen.

In den nachfolgenden Kapiteln möchte ich versuchen, neues und faszinierendes Material über die geistige Weiterentwicklung des Menschen nach dem Tod vorzustellen. Die Welt befindet sich derzeit in einem gewaltigen Transformationsprozess, damit wir als Menschheit kollektiv in die Liebe erwachen. Viele Menschen erleben zu ihrer großen Überraschung, dass Verstorbene immer häufiger mit ihnen in eine länger andauernde Kommunikation eintreten, um tiefe Einblicke in jenseitiges Erleben zu vermitteln.

Diese Botschaften können unter Zuhilfenahme eines Mediums erfolgen, aber auch über eine telepathische Kommunikation mit einem bestimmten Angehörigen. In den letzten Jahren sind sehr viele unterschiedliche und doch in ihrem innersten Kern gemeinsame Aussagen und Durchgaben von Verstorbenen veröffentlicht worden. Der Schleier zwischen dieser und der jenseitigen Welt ist offensichtlich durchlässiger geworden.

Wenn wir verstehen wollen, was nach dem Tod mit uns geschieht und was wir erleben werden, ist es sehr lohnenswert, sich mit diesen Botschaften zu beschäftigen. Wir werden über den Tellerrand des begrenzten menschlichen Seins in eine uns unbekannte Dimension blicken. Dadurch haben wir die Möglichkeit, uns von der tiefsitzenden Angst vor dem Tod und was danach kommt zu befreien.

Geistwesen sind den Angehörigen grundsätzlich viel näher als zu ihren Lebzeiten, da sie nicht länger von irdischen Vorstellungen, Erwartungen oder dem Gefühl des Getrenntseins beeinflusst sind. Jegliche Kommunikation mit einem Verstorbenen findet im Herzen statt, da sie sich direkt mit dem Herzbewusstsein des Angehörigen verbindet. Verstorbene sind also nicht nur in unserer Gegenwart, sondern in unserem Herzen.

Sie sind sozusagen mitfühlend anwesend und kennen uns besser als wir uns selbst. Es gibt nichts Verborgenes oder Trennendes mehr, da Geistwesen an den Sinneseindrücken der Lebenden Anteil haben. Trennung ist ein Konstrukt der irdischen Welt. Wer sich für Kontakte mit Verstorbenen öffnet, kann ihre Präsenz umfassender wahrnehmen und sogar dauerhaft durch sie berührt und begleitet werden.

Verstorbene befinden sich in der Unbegrenztheit des Seins und wissen nun, aus eigener Erfahrung, dass sie viel mehr sind als ihr begrenztes Erden-Ich. Es sei jedoch darauf verwiesen, dass nicht jeder Verstorbene unmittelbar nach seinem Tod über dieses Wissen verfügt. Was er zunächst erlebt, ist abhängig von seinem Bewusstsein und seinem Denken. Viele durchlaufen nach dem Tod eine Phase der Anpassung an die geistige Welt. Sobald ein Verstorbener an eine bestimmte Person denkt, befindet er sich in ihrer Gegenwart. In einer telepathischen Botschaft von Elisabeth Kübler-Ross durch das schweizer Medium Bruno Bitterli-Fürst heißt es:

»Ich kann mich per Gedanken in das Feld der geliebten Person einklinken und reise dadurch zu ihr. Bin ich bei dieser Person anwesend, kann ich an ihren Gedanken, an ihren Gefühlen teilhaben, vielleicht sogar am leckeren Biskuit, den sie in einem Anfall von Heißhunger verschlingt. Habe ich genug von dieser Realität, dann darf ich einfach wieder davonschwirren.«[33]

Elisabeth und Bruno führten über ein Jahr einen beständigen Dialog zwischen dieser Welt und dem Jenseits. Da ich Elisabeth Kübler-Ross persönlich kennengelernt habe, war ich bei der Lektüre des Buches »Tod und Leben« über die Authentizität des Sprachduktus von Elisabeth sehr beeindruckt. Sie berichtet von ihren Erfahrungen nach ihrem Tod. Hier nun ein kleiner Ausschnitt aus den Gesprächen, die uns die Angst vor dem Tod zu nehmen vermögen. Elisabeth fragt Bruno, ob er Angst vor dem Tod habe? Er antwortet:

»Nein, ich habe keine Angst vor dem Tod. Was nicht heißt, dass ich problemlos und ohne Schwierigkeiten sterben werde. Im Laufe meines spirituellen Weges wurde ich auf einer sehr tiefen Ebene mit dem Tod konfrontiert. Es ging um Teile des Egos, die zu sterben und durch das Todestor zu gehen hatten. Immer wieder tauchten Egoaspekte auf, die ich zuerst gar nicht als solche erkennen konnte und die mich anschließend in schmerzliche Situationen führten.«

Elisabeth antwortet: »Das hast du schön gesagt. Viele Menschen haben Angst vor dem Schmerz, der durch den Tod verursacht wird. Doch lassen sie gleichzeitig außer Acht, wie viel Schmerz der Tod zu nehmen im Stande ist. Das ist bedeutsam, weil sich dadurch die Vorstellung hinsichtlich des Todes grundsätzlich verändert und somit eine wahre Beziehung mit dem Tod gelebt werden kann.«

Bruno antwortet: »Ich hatte das Gefühl, am Grund meines irdischen Seins angekommen zu sein. Ich fand dort

Dinge vor, den ich als zutiefst lebenshemmend empfand. Immer wieder tauchten Aspekte, Prägungen und Erfahrungen aus alten Zeiten auf, von denen ich das Gefühl hatte, dass sie nicht mehr zu mir gehören. In dieser Zeit kam ich sehr intensiv mit dem Tod in Kontakt.«[34]

Der Übergang in die geistige Welt

Nichts wird vom Menschen mehr gefürchtet als der Gedanke, eines Tages sterben zu müssen oder einen geliebten Angehörigen zu verlieren. Es ist die Angst vor dem Unbekannten, über das wir keine Kontrolle haben, wie es auch keine Sicherheit gegen die Wechselfälle des Lebens gibt. Wir wissen nicht, wie oder wann der Tod in unser Leben treten wird. Und doch wissen wir heute mehr über den Todesvorgang als je zuvor in der menschlichen Geschichte.

Nahtoderfahrungen, Übermittlungen von Medien oder Nachtodkommunikationen verweisen darauf, dass beim Wechsel in die andere Dimension eine unmittelbare Kontinuität des Erlebens und des Bewusstseins erfahren wird: Niemand verlöscht in ein Nichts. Der Übergang in die geistige Welt ist kurz und schmerzlos, wie ein Wimpernschlag. Die irdische Welt verliert an Wirklichkeit, und wir müssen uns neu orientieren. Der Verstorbene verwandelt sich innerhalb eines tiefgreifenden Verwandlungsprozesses in ein geistiges Wesen. In einer medial überlieferten Aussage heißt es:

»Nach einem kurzen, flüchtigen Augenblick gewann ich das vollständige Bewusstsein wieder, aber es war ein subtil verändertes Bewusstsein, das aus einer leicht transformierten Wahrnehmung der Dinge bestand … Ich fand mich in einer Umwelt immenser Liebe wieder.«[35]

Es geht darum, die Erkenntnis zu erfassen, wer wir wirklich sind. Wenn es schwerfällt, sich von der Erdenrealität zu lösen, verhindert das den Prozess des Erkennens. Gegenwärtig befindet sich die gesamte Menschheit in einem ähnlichen Transformationsprozess, durch den einengende Vorstellungen aufgelöst werden, damit sich unser wahres Wesen manifestieren kann. Genau das vollzieht sich in dem Wandlungsgeschehen, das wir Tod nennen.

Elisabeth Kübler-Ross berichtete von ihren persönlichen Erfahrungen jenseits unserer Realität. Sie beschreibt konkret ihren Übergang in die geistige Welt:

»Nach dem Verlassen des Körpers entfernte ich mich nicht nur von der irdischen Ebene, sondern ich trat ein in ein neues Reich, in dem ich wohl die war, die ich auch schon in der irdischen Dimension war, aber – und das ist das Wesentliche – ich war noch viel, viel mehr.«[36]

Das Leben nach dem Tod ist eine beständige Erweiterung des Bewusstseins. Je mehr ein soeben Verstorbener sich darauf einlassen kann, umso intensiver wird seine Todeserfahrung. Manche sind vielleicht verwirrt oder zunächst orientierungslos, da der erweiterte Bewusstseinszustand sie verunsichert, aber das ist vorübergehend. Frances Banks übermittelte durch Helen Greaves ihre ersten Eindrücke nach dem Übergang:

»Sobald ich fähig war, mein Bewusstsein wiederzugewinnen, nachdem ich meinen verbrauchten Körper verlassen hatte, wusste ich, dass ich in der Essenz dieselbe war. Gewiss, ich fühle mich leicht und da war ein Gefühl von Freiheit, das mich verwirrte … ich merkte nun auch, dass ich sehen und hören konnte wie früher, aber jetzt auf eine intensivere Weise.«[37]

Leben ist ein fortschreitendes Bewusstsein in einem Universum, in dem der EINE GEIST das Licht, die Lebensenergie und der Ursprung von allem und jedem ist. Schritt für Schritt bewegen wir uns nach dem Tod weg von irdischen Vorstellungen und Begrenzungen und nähern uns dem Licht und der Weisheit Gottes an. Immer wieder wird berichtet, dass wir von vorangegangenen Freunden und Verwandten in Empfang genommen werden. Elisabeth Kübler-Ross wurde in einen Lichtraum geleitet, in dem viele helle Gestalten anwesend waren:

»Und je näher ich an die einzelnen Wesen herantrat, umso vertrauter erschienen mir auch ihre Energien, bis sie sich alle auf einmal zeigten und ich mich inmitten bekannter Gesichter befand. War das ein Wiedersehen! Unbeschreiblich berührend und verzückend. Genau jetzt, so fühlte ich, bin ich angekommen.«[38]

In einem anderen Bericht beschreibt der Großvater des Mediums Matthew Manning seinen Übergang in die geistige Welt:

»... Als ich aufblickte, sah ich helles, weißes Licht und Gesichter, die ich kannte, aber seit langem vergessen hatte. Mein neuer Körper stieg sanft in die Höhe. Ich war völlig entspannt und trieb die ganze Zeit nach oben. Der Boden war nun nicht mehr zu sehen. Nach einer kurzen Reise kam ich hier zur Ruhe, in Frieden, mit Freunden und alten Bekannten.«[39]

Das Wiedersehen mit vorangegangenen Angehörigen und Freunden wird auch in den Sterbebettvisionen beschrieben wie in den Nahtoderfahrungen. Meine Mutter schilderte mir vor einigen Jahren ihren Übergang in die

Jenseitswelt durch ein Medium. Das habe ich nie vergessen, da es genau so war, wie ich das damals auch empfunden habe. Sie wurde zunächst von meinem Vater in Empfang genommen, der drei Monate zuvor gestorben war. Friedlich schwebte sie durch einen Tunnel:
»Ich fühlte mich befreit, als ob ein schwerer Mantel von meinen Schultern genommen wurde. Ich dachte, wie herrlich, endlich kann ich gehen. Dann sah ich das Licht und eine große Menge von Menschen, die mein Leben feiern wollten. Es war ein Fest in der geistigen Welt für all das, was ich in meinem Leben getan und erreicht habe.«[40]
Nach dem Tod werden wir aufgrund des erweiterten Bewusstseinszustandes nicht länger von unseren Gefühlen kontrolliert. Das führt zu einer emotionalen Distanz, die es ermöglicht, sich vor dem Schmerz der anwesenden Angehörigen zu schützen und die jeweilige Situation als neutraler Beobachter zu erfassen.
Erik Medhus nahm sich 2010 mit 20 Jahren das Leben, indem er sich erschoss. Kurz nach seinem Tod trat er mit seiner Mutter Elisa, einer streng naturwissenschaftlich geprägten Ärztin, durch das Medium Jamie Butler in Kontakt. Die Botschaften waren so berührend und echt, dass die bis dahin nüchterne Wissenschaftlerin ihr Weltbild überdenken musste.
Aus dem Dialog mit seiner Mutter entstand der Blog »Channeling Erik«, der weltweit auf große Resonanz stieß. 2014 erschien das Buch »Von der anderen Seite. Gespräch zwischen Mutter und Sohn« auch in Deutschland. Bisher nur in Amerika erschien Ende 2015 »My Life after Death. A Memoir from Heaven«, in dem Erik konkret und ohne falsches Pathos von seinem Leben

nach dem Tod berichtet. Das Buch ermöglicht tiefe Einblicke in die Entwicklung des Menschen nach dem irdischen Tod. Aus den Gesprächen mit Erik ist eine bis heute anhaltende Nachtodkommunikation geworden. Es folgt ein Ausschnitt eines Gesprächs zwischen dem Medium Jamie Butler, seiner Mutter Elisa und Erik, in dem er seinen eigenen Tod beschreibt. Die Dialoge sind durchweg humorvoll:

Ich (Elisa): »Erik, kannst du den Tod beschreiben und das, was unmittelbar danach geschieht, möglichst detailliert – zumindest, was bei den meisten passiert? Ich weiß, jeder Tod ist anders, aber teile mir so viel Allgemeines mit, wie du kannst.«

Jamie: »Ok. Hmmm. Ich glaube, er hat sich in Luft aufgelöst oder was!«

Ich: »Uh, oh!« (Jamie und ich kichern.)

Jamie: »Er lacht.«

Ich: »Er geht später nochmal raus, um sich ein paar ätherische Nachos zu holen.«

Jamie: »Ernsthaft! Er bezieht mich nicht ein. Er will mir nicht sagen, warum er kichert. Ich weiß also nicht, woher es kommt.«

Erik: »Den Tod ganz allgemein zu erklären, ich glaube, damit wird man ihm nicht gerecht, Mama. Erinnere all deine Leser daran, dass der Tod einer Person sich danach ausrichtet, woran ein Mensch glaubt, solange er lebt. Das, woran du in Bezug auf den Tod aktiv glaubst – an nichts, an Gott oder dass du auf Dämonen triffst, bevor du Freude erlebst, oder dass du ein Geist wirst – alles das ist für dich angelegt.«[41]

Im Augenblick seines Todes empfindet Erik tiefen Frieden, er vernimmt den Schuss und fühlt, wie etwas ihn aus dem Körper zieht, ohne Schmerzempfinden und ohne Schock. Er erlebt eine unmittelbare Kontinuität seines Bewusstseins. Die erste äußere Reaktion auf seinen Suizid war der Schrei der Haushälterin, die ins Zimmer stürmte:

»Ich stand in meinem Zimmer und wollte Maria trösten und dachte, ich hätte meinen Suizid verbockt. Ich war verwirrt und desorientiert, bis ich dann auf meinen Körper herabsah und wusste: Das bin ich. Das ist mein Körper. Das entsetzte mich einen Moment und ich versuchte vergebens, in meinen Körper zurückzukehren.«[42]

Erik erkennt, dass er seine Entscheidung sterben zu wollen nicht rückgängig machen kann. Plötzlich verschwindet der Raum und er erlebt eine Tunnelvision. Er wird von dem Geschehen weggezogen, befindet sich aber doch gleichzeitig im Raum. Als er auf seinen Körper blickt, fühlt er keine emotionale Bindung mehr. Dann stürmt seine Mutter ins Zimmer und eine eigentümliche, emotionale Distanz zum Geschehen und zu dem Schmerz seiner Mutter, hüllt ihn ein.

Er erlebt die Situation wie ein neutraler Beobachter und ist nicht länger von seinen irdischen Gefühlen kontrolliert. Nach dem Tod verlieren wir die physischen und emotionalen Antriebskräfte durch den erweiterten Bewusstseinszustand: Alle Details des Geschehens werden gleichzeitig wahrgenommen. Erik empfindet sich als freien Geist und kann seinen Tod annehmen. Er weiß aber, dass er noch Dinge zu erledigen hat, bis er weitergehen kann. Er will sich von seiner Familie verabschieden und wohnt auch seiner Beerdigung bei.

Schließlich zieht ihn etwas weg vom Geschehen und alles Schwere fällt von ihm ab. Eine wohlige Wärme hüllt

ihn ein und er schwebt auf ein Licht zu. Frei und leicht und ohne Körper ist Erik nun die reine Essenz seines Selbst, eine reine Energie. Das werden wir alle einst erleben beim Übergang aus der irdischen Dimension in die andere, nicht physische Welt.
Das wird als Dimensionssprung bezeichnet. Sterben ist nichts, wovor wir Angst haben müssen. Diese Übergänge werden in sämtlichen Nachtodkommunikationen als leicht und friedlich beschrieben. Unser Bewusstsein, unser Geist kann keinen Schaden nehmen, weder durch einen Suizid, noch durch einen plötzlichen Tod. Geist oder Bewusstsein ist die Gotteskraft, die uns alle erhält.
Billy Fingers kontaktierte seine Schwester Annie Kagan, um von seinen nachtodlichen Erfahrungen zu berichten. Er starb infolge eines Autounfalls:
»Das Erste, was eintritt, ist Glückseligkeit, wenigstens in meinem Fall war es so ... Als mich der Wagen erwischt hatte, kam diese Energie und saugte mich direkt aus meinem Körper in höhere Gefilde ... Und plötzlich waren alle meine Schmerzen verschwunden ... Ich habe sofort gewusst, dass ich tot bin, und mich auch nicht dagegen gewehrt, weil ich für alles, was auf mich zukommen konnte, mehr als bereit war.«[43]
Billy durchquert keinen Tunnel, wie es in den Nahtoderfahrungen häufig beschrieben wird, sondern er befindet sich unmittelbar im allumfassenden Licht. Er spricht von einem Lichtraum, der aus vielen unterschiedlichen Lichtern besteht. Die Lichter durchdringen ihn. Annie Kagan schreibt:
»Schon in der ersten Sekunde, in der mich die Lichter berührten, löschten sie alles Leid, das ich zu Lebzeiten je hatte: physisch, mental, emotional oder sonst wie.«[44]

Auch Billy begegnet in dieser ersten Phase nach seinem Übergang seinem sehr jung aussehenden Vater, was für ihn allerdings nicht so wichtig war. Der Empfang durch Verstorbene ist nicht für jede Seele von großer Bedeutung. Nach dem Tod treten wir in Resonanz zu dem, was wir glauben, erwarten oder denken.

Tommy Rosa, dem durch eine Nahtoderfahrung das verborgene Heilwissen des Himmels offenbart wurde, wurde von einem Auto erfasst und in den Himmel katapultiert:

»Während meiner Reise zum Himmel habe ich geliebte Menschen wiedergesehen, traf Engel, konnte einen kurzen Blick auf Gott werfen und erhielt göttliche Unterweisungen. Ich weiß, dass sich das alles wirklich ereignete und kein Traum und Halluzination war. Aber ich befürchtete, dass mich die Leute für wahnsinnig halten würden, wenn ich ihnen erzählte, was ich dort sah und erfuhr.«[45]

Veränderungen im Fühlen und in der Wahrnehmung

Während unseres Lebens werden wir von unseren physischen und emotionalen Instinkten getrieben. Nach dem Tod sind diese jedoch nicht länger vorhanden. Wir werden zu einem neutralen Beobachter der Umstände unseres Todes. Nach dem Verlassen des Körpers stellt sich ein allumfassendes Gewahrsein ein – natürlich nicht bei jedem unmittelbar und sofort. In diesem erweiterten Bewusstseinszustand werden wir zu einem stillen Beobachter, da wir nicht länger von unseren Gefühlen kontrolliert werden. Alle Details werden bewusst gleichzeitig wahrgenommen. Es handelt sich um eine völlig andere Art des Fühlens, jenseits menschlicher Sinne. Wir würden diesen Zustand als neutral, objektiv oder distanziert beschreiben. Durch die Ausdehnung des Geistes oder des Bewusstseins wird auf diese Weise so mancher Verstorbene vor dem Schmerz der Angehörigen geschützt.

Gregory ist eine Wesenheit, ein Energiefeld, mein höheres Selbst, das in die geistige Welt hineinragt. Er ist der unverkörperte Teil von mir. Seit nun mehr zehn Jahren erfolgt ein ständiger Dialog. Ich habe bereits zwei Bücher mit seinen Botschaften veröffentlicht: »Die Gesetze des Jenseits« und »Das Erwachen der Liebe«. Gregory übermittelte mir in einer Botschaft seinen Übergang in die Lichtwelt:

»Ich konnte alles sehen, was um mich herum geschah: Ich sah den Kummer, den momentanen Schmerz meiner Mutter und aller Anwesenden. Doch eine Liebe, die stärker war als alles, was ich kannte, hüllte mich ein und schützte mich. In dieser Grenzenlosigkeit des Seins außerhalb herkömmlicher Raum-Zeit-Vorstellungen fühlte ich mich frei, heil und ganz wie nie zuvor. Dadurch war ich vor dem tiefen Schmerz und Kummer meiner anwesenden Familie geschützt.«[46]

Auch Billy Fingers beschreibt seine veränderten Gefühle in der Welt des Lichtes:

»Und obwohl mich hier niemand direkt in Empfang nahm, spürte ich eine göttliche Präsenz, eine freundliche, liebevolle, wohltuende Präsenz.«[47]

An einer anderen Stelle heißt es:

»Obwohl ich keinen Körper mehr habe, fühle ich mich doch immer noch als Individuum. Die Glückseligkeitserfahrung ist echt mein Ding – aufgelöst habe ich mich definitiv nicht.«[48]

Wir bleiben zunächst die Persönlichkeit, das Ich-Bewusstsein, das wir auf der Erde waren. Allerdings verfeinert sich im Zuge der nachtodlichen Entwicklung unser Bewusstsein, je mehr wir uns von erdwärts gerichtetem Denken befreien und uns nach geistiger Erfüllung sehnen. In diesem Gesamtzusammenhang möchte ich Anita Moorjani zu Wort kommen lassen, die eine der ungewöhnlichsten und umfassendsten Nahtoderfahrungen erlebte:

»Und immer noch spürte ich, wie ich mich weiter und weiter nach außen hin ausdehnte und Abstand von meiner physischen Umgebung nahm. Es war, als sei ich nicht länger durch Raum und Zeit beschränkt, und ich dehnte mich kontinuierlich aus, um ein größeres Bewusstseinsspektrum auszufüllen ... Ich wurde von mehr Liebe umfangen und eingehüllt, als es sie meinem Wissen nach gab ... Obwohl ich mich nicht mehr meiner fünf physischen Sinne bediente, hatte ich ein unbegrenztes Wahrnehmungsvermögen, so als verfügte ich über einen neuen Sinn, einen der empfindungsfähiger war als irgendeines unserer üblichen Vermögen. Ich hatte ein Gesichtsfeld von 360 Grad und totales Gewahrsein von meiner Umgebung.«[49]

Diese Aussage führt uns vor Augen, dass wir alle von der Essenz unseres Wesens her reine, bedingungslose Liebe sind, ein reines Bewusstsein, in dem wir alle eins sind, als Facetten der ursprünglichen göttlichen Liebe. Unsere irdischen Körpersinne legen uns Beschränkungen auf, die in einem erweiterten Bewusstseinszustand nicht länger vorhanden sind. Wir erzeugen auf der Erde die Illusion einer linearen Realität, da wir uns nur auf einen Ausschnitt der Wirklichkeit konzentrieren können und diese Ausschnitte aneinanderreihen.

Wir nehmen nur wahr, was unsere Augen sehen, was unsere Ohren hören, was unsere Haut berührt, was unsere Nase riecht oder unsere Geschmacksnerven schmecken. Im erweiterten Bewusstseinszustand sind wir im Stande, die ganze Wirklichkeit, die unterschiedlichen Ausschnitte auf einmal wahrzunehmen. Deswegen haben Menschen während einer Nahtoderfahrung Kenntnisse von Dingen, von denen sie in physischer Hinsicht nichts wissen können.

Elisabeth Kübler-Ross beschreibt ihre Bewusstseinserweiterung, die sie äußerst konzentriert erlebte, als gleichzeitige Gefühlserhebung:

»Wesentlich war jetzt, dass ich alles mit einer viel ausgedehnteren Wahrnehmungsfähigkeit fühlen konnte. Ein unbeschreiblich öffnendes und weitendes Gefühl ... Die Schönheit meiner Seele, die ich auf der Erde nie in diesem Ausmaß spüren konnte, war jetzt auf einmal vollständig da. So, als ob ich endlich das ganze Haus sein kann, das ich bin, und nicht bloß das eine Zimmer, das ich während der Inkarnation bewohnte.«[50]

Die Kommunikation in der geistigen Welt erfolgt durch Gedankenübertragung, also Telepathie, und durch Gefühle, die nun für jedes Wesen in der Einheit des Seins sichtbar oder vernehmbar sind. In der Welt der reinen Liebe bleibt keine Gefühlsregung den anderen verborgen. Das ist nur auf der Erde möglich. Die Erfahrung der Ganzheitlichkeit des Gewahrseins machte Erik während seiner Trauerfeier. Er nimmt alle innersten Gefühle der Anwesenden ungefiltert wahr:

»Es war, als würde ich die gesamten Lebensfilme aller Anwesenden gleichzeitig wahrnehmen. Ich empfand Zuneigung für sie, statt Wut oder Enttäuschung. Ich erkannte, dass ich keine negativen Gefühle mehr hegen konnte, wie das vor meinem Tod war ... Ich bemerkte, dass ich mich aufteilen konnte und an verschiedenen Orten gleichzeitig sein konnte. Das war so natürlich, wie das Atmen zu meinen Lebzeiten... Ich konnte nicht nur die innersten Gedanken aller hören, sondern spürte auch alle Emotionen.«[51]

Erik nimmt alle Gefühle der Anwesenden, das, was sie in ihrem Innersten tatsächlich fühlen, völlig ungefiltert wahr. Das ist etwas, was so mancher Leser erschreckend finden mag. Doch weist es uns ein weiteres Mal darauf hin, das Verstorbene alles mitbekommen, was in unserem Leben geschieht, und darauf auch Bezug nehmen. Wir sind nicht getrennt von der anderen Welt und bleiben durch Liebe mit den Verstorbenen in Verbindung, wie sie uns ihrerseits immer wieder Zeichen ihrer Präsenz und Liebe vermitteln. Obwohl sie mit ihrer eigenen spirituellen Weiterentwicklung beschäftigt sind, geben sie den Lebenden Orientierung und Anleitung, natürlich ohne direkte Einflussnahme. Sie kommunizieren über die Gefühle oder eine Körperempfindung, die von einem Medium oder einem Angehörigen empfangen wird.

Der Dimensionswechsel

Nachdem Erik Zeuge seiner Beerdigung gewesen war, fühlte er, wie ihn etwas von dem Geschehen weg- und hochzieht. Alles Schwere fällt von ihm ab. Und er fühlt unbeschreibliche, wohlige Wärme um sich und ist eingehüllt von einem weißen Licht. Frei und leicht, ohne Körper, empfindet er die reine Essenz seines Selbst als reine Energie.

Energetisch gesehen wird hier genau der Übergang aus der irdisch-menschlichen Dimension in eine nicht physische Dimension beschrieben. Erik spürt weder Gerüche noch Klänge, sondern nur Stille und das Licht, das reine Liebe ausstrahlt. Das leitet seinen Heilungsprozess ein und er fühlt sich unbeschreiblich geliebt. Wir brauchen den Tod nicht zu fürchten. In einer medialen Botschaft heißt es dazu:

»Für alle, die zuhören. Es gibt keinen Grund, den Übergang von eurer Welt in diese zu fürchten. Es ist ein großes Abenteuer. Es ist wie das Aufwachen in einer herrlichen Welt der Schönheit und der Freiheit des Denkens. Es ist eine wahrhaft spirituelle Welt, aber nicht so, wie sie in eurer Welt dargestellt wird. Sie ist derart anders und so unvorstellbar lebendig, so vital, so unglaublich anders, als sich der Mensch die Dinge vorstellt, dass sie nicht veranschaulicht, nicht beschrieben werden kann. Man kann sie nur fühlend und spürend erkennen. Sie ist so grenzenlos und so schön.«[52]

Was immer wir beim Dimensionswechsel erleben mögen, ist Ausdruck der persönlichen Glaubenssysteme, die wir von der Erde mitbringen. Wer sich einen Tunnel vorstellt, wird ihn erleben. Wer seine Verwandten erwartet, wird von ihnen begrüßt. Wer Ruhe braucht, findet sie. Wer nicht an ein Leben nach dem Tod glaubte, geht zunächst in eine schwarze Leere ein, bis er erkennt, dass er weiterlebt und um Hilfe bittet, damit die nachtodliche Reise weitergehen kann.

Insofern sind die Übergänge so unterschiedlich, wie es Vorstellungen über das Leben nach dem Tod gibt. Genau diese manifestieren sich zunächst, bis dann prozesshaft das Ego abgelegt werden kann, damit die Schönheit, Reinheit und Liebe des eigenen höheren Selbst erkannt wird. Insofern erschaffen wir selbst die Umgebung, in der wir uns wohlfühlen.

Ein ganz wesentliches Element der nachtodlichen Weiterentwicklung besteht darin, die eigenen Wünsche und Emotionen auszuleben. In zahlreichen Berichten ist davon die Rede, dass wir Kraft unserer Gedanken ein eigenes Haus manifestieren können, also alle Wunschträume und Gewohnheiten in Erfüllung gehen lassen.

In den Gesprächen zwischen Elisa Medhus und ihrem Sohn Erik erzählt er von seinen Möglichkeiten der Manifestation:

»Außerdem können wir alles manifestieren, was wir wollen. Wir stellen uns vor, was wir essen wollen, und schon ist es da. Wir leben, wo wir wollen, wir leben wie wir wollen. Uns ist nicht heiß oder kalt. Hier schafft das Denken die Wirklichkeit viel schneller. Es passiert von einem Augenblick auf den anderen.«[53]

Die astralen Welten der Wunscherfüllung werden nicht von ungefähr als Ebenen der Illusionen bezeichnet. In Wahrheit geht es darum zu erkennen, dass Bedürfnisse, Wünsche oder Sehnsüchte in dem niederen Teil unserer Persönlichkeit gespeichert sind. Sie wollen überwunden werden.

Gewohnheiten beruhen auf erdwärts gerichtetem Denken, und es ist erforderlich, diese als solche zu erkennen, damit sie losgelassen werden können. Sie sind ein Hemmschuh für geistiges Wachstum. Daher gibt es möglicherweise so viele Sphären in der astralen Welt, wie es Menschen gibt. Die Aufgabe der Verstorbenen ist es, alte Bedürfnisse oder Begierden abzustreifen, um auf ihrem Entwicklungsweg voranzuschreiten. Die Verstorbenen bleiben so lange in den jeweiligen Sphären, wie eine energetische Affinität zu den Dingen, mit denen sich die Seele umgibt, besteht. James van Praagh schreibt:

»Die Astralwelt ist wie eine Zwischenstufe auf dem geistigen Entwicklungsweg – ein Ort, an dem alle niederen emotionalen Bedürfnisse bis zu deren Überwindung ausgelebt werden. In dem Maße, wie ein Geistwesen auf seiner Reise voranschreitet, verlieren irdische Träume und Sehnsüchte Anreiz und es öffnet sich mehr und mehr den höheren Aspekten seines Bewusstseins. Ist eine Seele zum Aufstieg bereit, streift sie die alten irdischen Erinnerungen und Denkmuster völlig ab.«[54]

Aus all dem lässt sich der Schluss ziehen, dass das Jenseits aus Gedankenform besteht. Das Bewusstsein erweitert sich dergestalt, dass nun alle Seiten eines Problems und alle Hintergrundmuster erfasst werden können. Wir sind buchstäblich das, was wir denken. Das gilt auch für die Gefühle. Jane Sherwood, die Kontakt mit einem Geistwesen hat, schreibt:

»Du musst begreifen lernen, dass deine Gefühle um dich herum eine Atmosphäre schaffen, die deine Beziehungen zu denen, auf die du triffst, stark beeinflussen und verändern kann. Er [das Geistwesen] erklärte mir, dass sein gegenwärtiger Körper von einer derart lichten und empfänglichen Struktur sei, dass er jedes auftretende Gefühl durch seine Farben und Emanationen (lat. für Ausflüsse) ausdrücke, sodass nicht der leiseste Stimmungswechsel verborgen bleiben könne.«[55]

Paul Beard legte in seinem Buch »Living On« eine Anthologie unterschiedlicher medialer Aussagen über das Jenseits vor. In dem folgenden Bericht eines Verstorbenen heißt es über die Erweiterung der Wahrnehmungsfähigkeit:

»Ich sehe Dinge, die von der gleichen Art sind wie auf der Erde, und doch sind sie irgendwie anders. Sie sind real, aber du hast das Gefühl, dass sie nur vorübergehend sind, dass sie zur Orientierung und zum Erwachen in die andere Welt gehören. Dann findest du heraus, dass du Dinge verändern kannst, wenn du willst, dass sie sich verändern. Das ist gleichsam seltsam und faszinierend. Du erkennst, dass alles, was dich umgibt, Gedankenformen sind. Du verstehst, dass dir nichts alleine gehört. Alles dient der Gesamtheit aller Seelen, und du bist ein Teil davon.«[56]

Es ist die Kraft der Gedanken unseres Bewusstseins, die uns trägt und bestimmt, an welchen Ort die Seele gelangt. Wir erschaffen das Selbst schon im Hier und Jetzt unseres Lebens, die Welt, durch die Art unseres Denkens, da wir in jedem Augenblick durch den freien Willen die Möglichkeit haben, darüber zu entscheiden, wie wir bestimmte Dinge gedanklich verarbeiten. Wenn wir unsere Gedanken über die Lebensumstände verändern und uns auf die Liebe ausrichten, können wir alle Probleme überwinden.

Zwanghaftes Denken erzeugt Unausgewogenheit und Disharmonie, und wenn wir mehr an Vergebung statt an Wut denken, wird das Leben leichter. In der Jenseitswelt sind Bewusstsein und Denken eins. Sie wirken sozusagen zusammen. Wenn jemand an eine bestimmte Person oder einen Ort denkt, ist er unmittelbar dort. Die Seele erkennt sofort, was ihr Denken bewirkt. Auf der Erde ist das anders: Wenn wir an das, was wir tun wollen, denken, müssen wir zunächst körperlich aktiv werden, um einen Gedanken umzusetzen. Wenn ich ein Konzert besuchen will, muss ich eine Karte kaufen und dann dorthin fahren.

In der geistigen Welt bleiben die manifestierten Gedankenformen so lange bestehen, wie die Seele das wünscht. Wenn beispielsweise ein Haus nicht länger gebraucht wird, verschwindet es einfach. Das Leben nach dem Tod ist eine beständige Erweiterung des Bewusstseins. Alles Äußere ist nichts anderes als ein Spiegel der eigenen Innenwelt. Auf diese Weise werden wir mit unseren Emotionen und Wünschen konfrontiert. Die sofortige Wunscherfüllung mag so mancher Verstorbene für den Himmel halten. Doch irgendwann stellt sich ein Gefühl von Unzufriedenheit ein. So manche Seele erkennt langsam die innewohnenden schöpferischen Kräfte, und es regt sich der Wunsch, sich geistig weiterzuentwickeln.

Erik schreibt:

»Wir kreieren in jedem Augenblick, was wir brauchen. Hier konnte ich mich sogar mit einem Schmetterling anfreunden, der um mich herumschwebte. Hier interagiere ich mit allem und jedem, weil alles und jedes miteinander verbunden ist.«[57]

Wir erkunden nach dem Übergang die andere, oft fremdartig anmutende Welt, wobei jedes Wesen seine eigene Version des Übergangs erschafft. Das alles durchdringende Licht macht die göttliche Natur der Dinge sichtbar. Die Seele gewinnt an Wachheit und Bewusstheit durch die Erkundung der neuen Umgebung. Ihr inneres Wissen oder die Erkenntnismöglichkeit bleibt jedoch auf die geistige Ebene beschränkt, auf der sie sich befindet. James van Praagh erklärt das folgendermaßen:

»Die Erweiterung ihres Bewusstseins führt die Seele in erster Linie zu einer umfassenderen Wahrnehmung des harmonischen All-eins-Seins. Sie erkennt, dass sie über etwas verfügt, das sie mit jeder anderen Lebensform verbindet. Dieses etwas, das alles möglich macht, ist das unverrückbare, unvergängliche Element der Liebe.«[58]

In einem anderen Bericht heißt es über die Schönheit des Himmels:

»Während ich mich weiter umblicke, bemerke ich, dass meine Sinne auf unglaubliche Weise geschärft sind. Es sind nicht nur die Farben, die ich spüre, es ist alles um mich herum. Die Blumen! Der Himmel! Die Bäume! Sogar die Luft! Sie schwingen und sind voller Energie. Und alles strahlt Liebe aus.«[59]

Es ist die Energie der Liebe, die alles Sein aus sich heraus zusammenhält und die unsere Gedanken und Vorstellungen manifestiert. Obwohl der Astralleib ganz und vollkommen ist, bleibt die Persönlichkeit mit ihren Empfindlichkeiten, Vorurteilen, Sehnsüchten und Erinnerungen erhalten. Das gilt ebenso für die nicht gelösten Probleme. Die Seele findet auf der geistigen Ebene das wieder, was ihre irdischen Erfahrungen und Charaktereigenschaften widerspiegelt – Gleiches zieht Gleiches an. Deswegen lesen und hören wir so viele Botschaften aus der astralen Orientierungsebene, die in ihren Inhalten irdische Zustände widerspiegeln. Das ist ein Eingewöhnungsprozess, ein Empfangsbereich, der aus Landschaften, Häusern und Gebäuden, Gärten, Bergen oder Seen besteht und all dem, was wir aus der materiellen Welt kennen. Und doch sind die Gesetzmäßigkeiten der irdischen Existenz aufgehoben. Die Seele erkundet eine andere Form des Bewusstseins, in der Raum und Zeit nicht länger existieren. Die inneren Strukturen dieser ganz anderen Welt, in der Farben und das alles durchdringende Licht harmonisch ineinander verwoben sind, lassen Landschaften oder Gebäude in einer vorher nicht gekannten Pracht erscheinen. In einer Nahtoderfahrung heißt es dazu:

»Als ich mich in meiner Umgebung umsah, bemerkte ich dass, ich mich in einem großen Gebäude aus vielfarbigen Steinen befand, und jeder vibrierte in einem bestimmten Ton wie in einem großen Orchester ... sterbliche Menschen können sich in ihrer Imagination keine auch nur annähernde Vorstellung der Farben, der Schönheit und der Frische machen.«[60]

In diesen Übergangsbereichen kann sich die Seele an das Leben nach dem Tod gewöhnen und bewegt sich zu der Ebene hin, die ihren Schwingungen entspricht. Wir werden langsam zu einer verfeinerten Existenzform hingeführt, um erdwärts gerichtetes Denken und irdische Erinnerungsmuster abzulegen. Dazu ist es erforderlich, sich seiner Lebensrückschau zu stellen.

Die Lebensrückschau

Die Aufarbeitung des vorangegangenen Lebens ist ein notwendiges, prozesshaftes Geschehen. Die Weiterentwicklung der Seele beruht nicht nur auf der geistigen Erkenntnis, sondern auch auf der Bewusstwerdung des zurückliegenden Lebens, wie es wirklich war. Alle Gefühle werden wieder lebendig, wie auch die Gefühlsreaktionen aller beteiligten Personen. Die Auswirkungen unserer Handlungen auf alle anderen werden bewusst. Dadurch wird ersichtlich, dass der Mensch in einen höheren geistigen Gesamtzusammenhang eingebunden ist. Das führt zu der Erkenntnis, dass Liebe das Wichtigste ist, die einzige Kraft, die alles, was wir an Verletzungen erlebt haben oder bei anderen verursacht haben, zu heilen vermag. Es stellt sich immer wieder die Frage, ob wir Liebe gegeben haben oder nicht. Wir werden alle bedingungslos geliebt und niemand wird verurteilt, außer durch sich selbst und seinen Mangel an Liebe.

Ein Panorama oder ein Bild all dessen, was wir je gedacht oder getan haben, tritt in Erscheinung und konfrontiert uns mit den Auswirkungen unseres Lebens auf andere Menschen. Wir besitzen offensichtlich nun ein weitreichendes, empathisches Verständnis für die Gedanken, die Gefühle und Emotionen anderer. Alle Filter, die uns von uns selbst und anderen abgeschirmt haben, sind entfernt. Wir erkennen, dass wir von den anderen Menschen nicht getrennt sind, sondern ein wirklicher Teil von ihnen waren und umgekehrt. In einem Bericht heißt es:

»Eine große Sache, die ich lernte, als ich starb, war, dass wir alle Teil eines großen, lebendigen Universums sind. Wenn wir glauben, wir könnten einem anderen Menschen oder einem anderen Wesen wehtun, ohne uns selbst zu verletzen, dann befinden wir uns in einem traurigen Irrtum. Ich schaue heute auf einen Wald oder eine Blume oder einen Vogel und sage: »Das bin ich, das ist ein Teil von mir.« Wir sind mit allen Dingen verbunden und wenn wir durch diese Verbindungen Liebe aussenden, dann sind wir glücklich.«[61]

P.M. Atwater, eine der bedeutendsten Sterbeforscherinnen Amerikas, erlebte selbst drei Nahtoderfahrungen. Sie schreibt über ihre eigene Lebensrückschau:

»Ich hatte keine Vorstellung, keine Ahnung davon, dass jeder Gedanke, jedes Wort und jede Tat tatsächlich gespeichert, aufbewahrt und wirkmächtig waren, dass sie von mir ausgesendet wurden und danach ein Eigenleben führten und mir war auch nicht bewusst, dass die Energie dieses Lebens eine Auswirkung auf alles hatte, was sie berührte oder was in ihre Nähe gekommen war ... ich war es selbst, die mich beurteilte und dieses Urteil war das strengste, was ich mir vorstellen konnte.«[62]

Wir sind zu stark mit unserem Ego, dem Verstand und Körper identifiziert. Durch den Lebensrückblick erkennen wir, dass Liebe unser wahres Wesen ist und viele während des Lebens den Kontakt zu unserem Ursprung verloren haben. Bewusstsein, Seele oder Geist sind nichts anderes als die Energie der Liebe. Im wahrsten Sinne des Wortes ist alles Liebe. Durch die Art und Weise, wie wir über uns oder andere denken und Urteile fällen, trennen wir uns vom Licht der Liebe. In den zahlreichen Nahtodberichten über die Lebensrückschau wird übereinstimmend ausgesagt, dass niemand vom Licht verurteilt wird. Das Licht ist reine, bedingungslose Liebe. Im Angesicht des göttlichen Lichtes ist die eigene Urteilsfähigkeit, Selbsterkenntnis und Eigenverantwortung gefordert. Peggy schreibt:

»Ich sah, wie sehr alle Menschen geliebt werden. Und es war sonnenklar, dass das Licht jeden gleichermaßen liebte, ohne irgendwelche Einschränkungen. Das muss ich wirklich betonen, weil es mich so glücklich machte,

zu erfahren, dass wir nicht glauben oder bestimmte Dinge tun müssen, um geliebt zu werden.«[63]
Jeder einzelne Augenblick des Lebens wird noch einmal erlebt: Alle Gefühle, unsere Einstellungen und Gedankenmuster, auch werden die jeweiligen Motivationen unserer Handlungen bewusst. Das alles ist ein gleichzeitiges Gewahrsein und zeigt auf, wie tief wir einander beeinflussen. Wir sind verwoben durch eine Kettenreaktion von Gefühlen.
Dannion Brinkley wurde von einem Blitz getroffen und war 28 Minuten klinisch tot. Er musste in seiner Lebensrückschau all die Tode und die Zerstörung wiedererleben, die er im Militärdienst im Vietnamkrieg angerichtet hatte. Er erschoss einen vietnamesischen Obersten und wurde nun mit den Folgen konfrontiert:
»Ich spürte nicht den Schmerz, den er empfunden haben musste. Ich spürte aber seine Verwirrung darüber, dass sein Kopf weggeschossen war, und seine Trauer, als er seinen Körper verließ und erkennen musste, dass er nicht mehr nach Hause zurückkehren würde. Dann spürte ich die restlichen Kettenreaktionen – die Trauer seiner Familie, die jetzt ohne ihren Ernährer auskommen musste. Ich erlebte alle meine Exekutionen in genau dieser Weise.«[64]
Eine Flut von Gefühlen und Informationen brach über Dannion herein. Er erlebte nicht nur den Schmerz und das Entsetzen der Menschen, die er getötet hatte, sondern auch die Angst und den Schmerz der Angehörigen ob ihres Verlustes. In manchen Fällen verspürte er sogar die Bedeutung des Verlustes für künftige Generationen. Er war von Scham und Trauer erfüllt und doch durchströmte ihn am Ende des Rückblicks die Liebe des Lichtwesens. Die Last der Schuld wurde von ihm genommen.

Ihm wurde vermittelt, dass Liebe die einzige Möglichkeit ist, sein Leben zu verändern. Dannion schreibt:
»Dieses Gute entsteht in aller Regel nicht durch kühne Taten, sondern durch einzelne liebevolle Handlungen unter den Menschen. Die kleinen Dinge zählen, denn diese sind spontan und zeigen, wer man wirklich ist.«[65]
Die größte Kraft der Heilung wird uns zuteil, wenn wir bereit sind, zu vergeben. Von allergrößter Bedeutung dabei ist auch, sich selbst verzeihen und vergeben zu können. Das impliziert Selbstakzeptanz und Selbstliebe. Ohne Vergebung können wir nicht in die Liebe wachsen. Wichtig in diesem Zusammenhang ist es auch, anderen, die uns Schaden zugefügt haben oder uns etwas zu Leide getan haben, zu verzeihen. Ohne Vergebung können wir geistig nicht wachsen.
Die Nahtoderfahrungen zeigen auf, dass niemand vom Licht verurteilt wird, sondern wir uns selbst häufig verurteilen. Ein junger Mann schreibt:
»Ich habe nicht bemerkt, dass mich jemand verurteilt hätte. Es war eher so, dass ich mich selbst für mein Tun verurteilte und dafür, welche Folgen es für die anderen hatte. Ich denke, ich habe etwas über mich selbst gelernt und darüber, wie ich in das Lebenspuzzle all dieser Menschen hineinpasste.«[66]
Für Negativität ist in den höheren Sphären in der geistigen Welt kein Platz. Kummer, Schuldgefühle und Wut sind niederdrückende Energien, die eine Weiterentwicklung in höhere Bereiche verhindern. Erst wenn wir uns von den eigenen Mustern und falschen Denkkonzepten befreit haben, wird der Weg aus den astralen Gefilden in die Welt des reinen Geistes frei. Liebe ist die einzig wahre Wirklichkeit.

Deswegen geht es in unserem Leben darum, durch Mitgefühl, Güte und Liebe anderen beizustehen. Das ist die geistige Basis unserer Existenz und der einzige Weg zu höherem Bewusstsein. Die Eigenverantwortung des Menschen besteht darin, Liebe zu sein, was zu wahrer Menschlichkeit führt. Durch den freien Willen können wir uns jederzeit dazu entscheiden.

Alles, was sich im Alltag aus der Vielzahl der Entscheidungen heraus, die wir getroffen haben, manifestiert, hat Konsequenzen. Mit liebevollen Gedanken tragen wir dazu bei die subtilen energetischen Netzstrukturen unseres Planeten positiv aufzuladen und fördern das kollektive Erwachen in die Liebe. Liebe ist die machtvollste Kraft des Universums und letztlich die uns innewohnende Lebensenergie. Wer seine Wahrnehmung darauf ausrichtet, erkennt den göttlichen Geist in allem: In jedem Menschen, in jedem Tier, in der Natur und in allem, was uns umgibt.

Durch die spontan erlebten Nahtoderfahrungen erhalten wir tiefe Einblicke in das nachtodliche Geschehen. Dabei zeigt sich immer wieder, dass jeder von uns sich eines Tages mit den Auswirkungen und Konsequenzen seines Lebens auseinandersetzen muss. Der einzige Maßstab ist die Frage, ob wir Liebe gegeben haben oder nicht. Der Lebensrückblick ist ebenfalls ein wichtiges Element im Sterbeprozess. Viele erkennen dann erst, welche Fehler sie im Umgang mit anderen begangen haben. Deswegen sehnen sich viele noch in den letzten Tagen nach Aussöhnung und Aussprache.

Im Jenseits sind alle dabei zu lernen, wie man bedingungslos liebt. Die uneingeschränkte Liebe ohne jegliches Urteil ist der einzige Weg spiritueller Entwicklung und Erleuchtung. Wir erhalten die Möglichkeit, uns weiterzuentwickeln. Auch auf der Erde geht es einzig darum, seelisch und geistig zu wachsen und lieben zu lernen.

Die Bedeutung der Phase der Erinnerung

Die Lebensrückschau in der nachtodlichen Weiterentwicklung ist ein weitgehender Prozess der Selbsterkenntnis. Wir entscheiden darüber, wann wir dazu bereit sind. Die Phase der Erinnerung ist dabei behilflich uns selbst und unser Leben besser zu verstehen. Wir sehen das Gute und Schöne, wie das Negative und Hässliche – alles gleichzeitig und eben auch aus der Perspektive aller anderen beteiligten Personen, in allen Reaktionen und Auswirkungen. Buchstäblich jeder Moment unseres Lebens wird dabei nochmal erlebt.

Wir können den Lebensfilm nicht verändern, da alles ist, wie es ist. Wir sind verantwortlich für die Dinge, die wir tun oder sagen, aber nicht dafür, wie andere Menschen darauf reagieren. Wir schauen völlig objektiv und ungeschminkt auf die Rolle, die wir im Leben gespielt haben. Alles lebendige Sein ist miteinander verbunden und Teil eines Ganzen, was wir im Alltag des Erdenlebens durch die Macht des Egos weder durchschauen noch verstehen. Nun werden wir wieder daran erinnert, dass wir nicht getrennt sind, weder von Gott, noch von unseren Mitmenschen, da wir in Wahrheit eins sind. Alle Lektionen, die es zu lernen gibt, stehen mit unserer persönlichen Absicht in Verbindung, unabhängig davon, ob sie konstruktiv oder zerstörerisch sind. Der Lebensrückblick erlaubt uns zu erkennen, dass in jedem Augenblick unzählige Wahlmöglichkeiten existieren, hinsichtlich der Reaktionen auf äußere Umstände, Ereignisse oder Konflikte. Billy Fingers übermittelte seiner Schwester, wie er seinen Lebensrückblick erlebte:

»Zu Lebzeiten haben wir alle etwas in uns, eine Art kosmischen Computerchip, der alle Erfahrungen speichert, die wir machen ... Ich sehe die Wege, die ich gegangen bin und auch die, die ich nicht gegangen bin ... und auch die Dinge, die ich hätte besser machen können ... Mein Hologramm ist erweiterungsfähig ... Keine der Möglichkeiten scheint wertiger zu sein als die anderen ... Mein Leben zu sehen wurde deshalb zu einer erfreulichen Erfahrung, weil ich mich und alles, was ich getan habe, jetzt total akzeptieren kann.«[67]

Ein ganz wesentlicher Aspekt, das wird immer wieder betont, ist es, sich selbst und das Leben, das jemand geführt hat, anzunehmen, wie es war. Deswegen verbringen wir nach dem Tod viel Zeit damit, das vergangene Leben noch einmal anzuschauen. Nun gibt es aber kein Richtig oder Falsch mehr, da es keinen richtigen Ausgang der Dinge gibt.

Es gibt nur den ungeschminkten Blick auf das Leben, wo alles, wie es wirklich war, offensichtlich wird. Das ist ein ganz objektiver Blick ohne die Möglichkeit, etwas zu verschleiern. Wer sich in seinem Sosein annehmen kann, wird sich geistig weiterentwickeln. Billy schreibt:

»Sobald man gestorben ist und sich sein Hologramm anschaut, erkennt man alles – wer einen geliebt oder gehasst hat, wer was für einen getan hat und wie die Leute sich verhalten haben, sobald man ihnen den Rücken zukehrt.«[68]

Alles, was wir getan oder gedacht haben, ist in Energiefeldern in der geistigen Welt gespeichert. Nun erleben wir hautnah, wie sich bestimmte Situationen oder Reaktionen auf andere ausgewirkt haben. Nur durch diesen ungeschminkten Blick auf die eigenen Absichten kommen wir in Resonanz mit unserer wahren geistigen Natur. Die Aussagen der Jenseitigen machen deutlich, dass kein Urteil über uns gefällt wird, sondern die Auseinandersetzung mit dem vorangegangenen Leben eine heilsame Phase ist, durch welche die Eigenverantwortlichkeit für das Leben, das jemand geführt hat, erkannt wird.

Das hat nichts mit Gericht oder Strafe zu tun, sondern die Konsequenzen unserer Gedanken und Taten werden uns vor Augen geführt. Im Leben haben wir Gefühle und Emotionen, auf der anderen Seite sind wir diese buchstäblich. Selbsttäuschungen sind nicht länger möglich.

Jane Sherwood hatte die Gabe des automatischen Schreibens und stand viele Jahre in Verbindung mit der geistigen Welt. Sie schreibt:

»Die meisten unserer Handlungen auf der Erde werden in völliger Unkenntnis der wahren Tragweite und Bedeutung ausgeführt, die sie für das Leben anderer Menschen besitzen. Es mag wohl hin und wieder das unbehagliche Gefühl entstehen, dass unser Verhalten andere bekümmert und verletzt, oft entschließen wir uns dann aber, es einfach zu ignorieren. Wir begreifen eine Situation fast nur verstandesmäßig, schließen dabei also das Mitgefühl aus, das den Einstieg in das Verständnis für die Gefühle anderer bedeutet. So oft bleiben uns dadurch die Konsequenzen verborgen, die wir unseren Mitmenschen durch unser Verhalten aufzwingen.«[69]

Heilung besteht darin, Mitgefühl sich selbst und anderen gegenüber zu entwickeln. Die Seele wird dadurch von ihren Schwächen befreit, um sich vom erdwärts gerichteten Denken zu lösen. Das ist ein sehr wirksamer Läuterungsprozess mit dem Ziel der Vervollkommnung und der Verschmelzung mit Gott. Wie schon gesagt, wird niemand gezwungen, sein vergangenes Leben unmittelbar nach dem Tod nachzuerleben.

Viele brauchen Zeit und lassen sich viel Zeit, diese Aufgabe anzugehen. Das hat mit der Angst zu tun, mit den Folgen der Fehler, Unzulänglichkeiten oder Vergehen konfrontiert zu sein. Deswegen stecken manche in ihrer Weiterentwicklung fest oder reinkarnieren so bald wie möglich. Frances Banks übermittelte an Helen Greaves: »Während dieses Erlebnisses entfaltet sich dein ganzes Leben in einer kaleidoskopartigen Reihe von Bildern vor dir. An diesem Punkt angekommen, fühlt man sich ganz allein gelassen, man steht vor seinem eigenen Gericht. Man trifft seine eigenen Entscheidungen. Man spricht sich selber schuldig. Man ist der Angeklagte, der Richter und die Geschwornen zugleich. Das ist der Punkt, an dem einige Seelen in unserem Heim nicht weiterkommen.«[70]

Während des Prozesses der Erinnerung sind wir mit dem kosmischen Gedächtnis verbunden. Es offenbart sich, dass der gesamte Lebenslauf innerseelisch gespeichert ist. Das wird in älteren Schriften auch als Akasha-Chronik bezeichnet, da hier alle Gedanken, Worte und Taten aller Lebewesen, also alles, was jemals auf der Welt geschehen ist, aufgezeichnet sind.

Nach der jahrzehntelangen Auseinandersetzung mit den Vorgängen beim Sterben und danach ist mir die Gewissheit erwachsen, dass die Phase der Erinnerung, die jeder Mensch früher oder später durchlaufen wird, das ultimative Instrument jeglicher geistigen Weiterentwicklung ist. Ob in den Nahtoderfahrungen, den nachtodlichen Kommunikationen oder im Sterbeprozess – was auffällig ist, ist der absolut wahrhaftige Inhalt. Es werden auch Dinge bewusst, die längst vergessen waren. Wer sich und sein Leben annehmen kann, wie es war, erntet geistigen Fortschritt über den Lebensrückblick.

Das weltberühmte Medium James van Praagh schreibt: »Irgendwann ist der Zeitpunkt gekommen, an dem er seine soeben beendete Lebensspanne noch einmal Erlebnis für Erlebnis, Augenblick für Augenblick Revue passieren lässt und überdenkt. Er zieht Bilanz und prüft, inwieweit er die Ziele seines ursprünglichen Seelenplans erfüllt hat ... Der Geist ist sich seiner Unsterblichkeit bewusst. Er weiß, dass sämtliche Umstände der Vergangenheit und Zukunft von ihm selbst verursacht worden sind oder werden, und dass er allein die Verantwortung dafür trägt.«[71]

Dieses Wissen kann dazu beitragen, schon im Hier und Jetzt die Verantwortung für sein Leben zu übernehmen. Wir haben die Wahl, in jedem Augenblick unseres Lebens liebevoll mit den Mitmenschen umzugehen oder unsere eigenen Unzulänglichkeiten und Ängste auf andere zu projizieren. Liebe, Vergebung und Mitgefühl für sich und andere sind der Schlüssel, um sich von Schmerz und Wut zu heilen. Durch das Erleben einer Nahtoderfahrung zeigt sich, dass der Lebensrückblick ein Katalysator für gravierende Persönlichkeitsveränderungen ist.

Liebe ist die Antwort auf alle Fragen, aber niemals Hass, Verurteilung, Wut und Aggression. Wer andere verletzt,

verletzt sich in letzter Konsequenz nur selbst. Vielen ist nicht bewusst, dass wir alle in einen größeren geistigen Sinnzusammenhang eingebunden sind. Daher leben viele an ihrem inneren Zentrum vorbei. Durch die Begegnung mit dem Licht erfolgt eine Wandlung des innersten Wesens.

Irrtümer und Schuldzuweisungen lösen sich auf. Doch der Lebensrückblick entlässt uns keineswegs aus unserer Eigenverantwortung. Eine Frau schrieb rückblickend auf ihre Nahtoderfahrung:

»Du verurteilst dich selbst. All deine Sünden sind dir vergeben, aber kannst du dir selbst die Dinge vergeben, die du hättest tun sollen und nicht getan hast, oder dass du in deinem Leben vielleicht ein paar kleine Gaunereien begangen hast? Das eben ist Verurteilung.«[72]

Viele begreifen, dass sie es selbst sind, die verurteilen, nicht aber das Lichtwesen. Das Ziel ist, sich selbst besser zu verstehen und zu akzeptieren. Frances Banks weist darauf hin, dass wir mit zwei Lebensplänen konfrontiert sind:

»Einer davon ist die vollkommene Idee, der Plan, mit dem mein Geist sich mutig in die Inkarnationen begab. Das andere Bild ist das Resultat dieses nur teilweise ausgeführten und gelungenen Planes, also mein Leben, wie ich es tatsächlich gelebt habe. Es war ein Schock für mich und zugleich ein heilsames Erlebnis, erkennen zu müssen, dass diese beiden Lebenspläne sich bedeutend unterscheiden.«[73]

Der Sinn des Lebens ist es, seelisch und geistig zu wachsen und lieben zu lernen. Die Vergeistigung des Kosmos und der Heimkehr aller Wesen ist das Ziel der Evolution. Dafür ist der Lebensrückblick ein unausweichliches

Geschehen. Er hilft dabei zu verstehen, wer wir sind, und uns selbst zu vergeben. Die Totalität, in der jeder einzelne Augenblick des Lebens erscheint und das alles gleichzeitig, macht uns zu Beobachtern und lässt uns auch jede Reaktion anderer fühlen.

Neben der Freude, den Verletzungen und Enttäuschungen, die wir nun fühlen, wird bewusst, dass wir ein unentwirrbarer Teil eines Ganzen sind, und es fällt uns wie Schuppen von den Augen, dass wir mit allem anderen Sein verbunden sind. Erik konstatiert:

»Ich sah ihre Reaktionen, wenn ich gelogen habe oder meine Gefühle zurückhielt, wenn ich jemandem nicht geholfen habe, der meine Hilfe brauchte, wenn ich gemein war, wenn ich zu viel gab oder zu wenig. Ich sah und fühlte auch alle guten Dinge, die ich getan habe. Alles hat eine mächtige Auswirkung zu erkennen, wie jeder selbst wählte, mit meiner Wahl zu interagieren.«[74]

Das ist eine ganz wesentliche Erkenntnis für das menschliche Miteinander: Wir entscheiden selbst darüber, wie wir auf andere reagieren, ob wir verletzt sind, Freude empfinden oder ob wir traurig sind. Wenn wir das Gefühl haben, dass der andere uns Unrecht angetan hat oder uns nicht versteht, sollten wir zunächst bei uns selbst schauen. Wir sind aber nicht für die Reaktionen der anderen verantwortlich, und doch können wir nun alle Gefühle und Emotionen, die unsere Handlungen bei anderen ausgelöst haben, spüren.

Wir sehen buchstäblich die Dinge aus ihrer Perspektive. Es ist stets die eigene Entscheidung, begründet im freien Willen, wie wir auf die Herausforderungen, Konflikte, aber auch auf die freudigen und schönen Dinge des Lebens reagieren. Wir haben die Wahl: Fokussieren wir uns auf Liebe und Mitgefühl im menschlichen Miteinander oder reagieren wir mit Wut, Hass, Angst oder Aggressionen? Wer vergeben kann, sich selbst und anderen, wird sich nicht ständig verletzt oder angegriffen fühlen. Wir verstehen plötzlich, warum wir die Entscheidungen so und nicht anders getroffen haben. Erik reflektiert seinen Rückblick:

»Ich versuche immer noch rauszufinden, warum ich mich so wertlos gefühlt habe. Ich weiß, ein Teil davon stammte aus vergangenen Leben. Ich weiß das wirklich. Aber ich verstehe nicht, warum ich mich nicht aus diesem schwarzen Loch befreien konnte, warum ich mich entschieden habe, mein irdisches Leben zu beenden, statt positivere oder optimistischere Gedanken für den nächsten Augenblick, die nächste Stunde oder den nächsten Tag zu hegen, und warum ich nicht einfach zu dir gekommen bin.«[75]

Tief in seinem Inneren wusste Erik, dass er auf der geistigen Ebene mehr erreichen würde. Von der geistigen Welt werden wir stets aufs Neue darauf hingewiesen, dass wir Vorübergehende sind. In unserem innersten Kern die Anbindung an Gott und seine Liebe zu suchen und sich nicht in die Dramen anderer verwickeln zu lassen, sich selbst zu vergeben und annehmen können, wie man wirklich ist, befreit von den Irrtümern des Lebens und von den Illusionen des Getrenntseins von allem anderen Sein.

Die wohl wichtigste und wirksamste Erkenntnis aus der Phase der Erinnerung ist, dass wir uns alle in unserem tiefsten Inneren danach sehnen, im Leben wie im Tod, die eigenen Entscheidungen und die Wahlmöglichkeiten zu verstehen. Während unseres Lebens können wir nicht ermessen, wie sich unsere Worte, Gedanken oder Reak-

tionen auf andere auswirken. Die meisten Menschen zeigen das nicht im Außen. Im Lebensrückblick jedoch erkennen wir alle wahrhaftigen, authentischen Gefühle des anderen. Dadurch wird der Gesamtzusammenhang des gesamten Lebens offenbar. Erik schreibt:
»Eines Tages entschloss ich mich, eine Gänseschar auszustopfen. Das war eine Lektion für mich, zu verstehen, dass auch Gänse Gefühle haben. Indem ich sie verletzte, verletzte ich mich selbst. Wir alle leben als ein Kollektiv – Tiere, Menschen, Pflanzen, alles Lebendige. Die Lektion, die ich durch das Töten der Gänse lernte, war, dass wir alle miteinander verbunden sind. Wenn wir andere verletzen, verletzen wir uns selbst. Auf jede Handlung erfolgt eine Reaktion.«[76]
Dieses grundlegende geistige Prinzip von Ursache und Wirkung basiert auf der goldenen Regel menschlichen Zusammenlebens: »Was du nicht willst, das man dir tut das füg' auch keinem anderen zu.« Wir werden nicht verurteilt, sondern schauen auf jedes Ereignis unseres Lebens, ob positiv oder negativ. Alles, was wir getan haben, wie auch dessen Auswirkungen, sind nichts anderes als wertvolle Erfahrungen. In der geistigen Welt gibt es kein Richtig oder Falsch, nur Selbsterkenntnis. Gut und Böse sind irdische Konzepte, die in der anderen Welt transzendiert werden.
Auf der Erde braucht der Mensch Ethik und Gesetze, um in der Gesellschaft existieren zu können. Diese gemeinschaftlichen Abmachungen geben vor, wie wir auf bestimmte Situationen reagieren sollen – mit Freude, Angst, Scham, Ärger oder Aggressionen. Verstehen wir es richtig: Wir werden nicht verurteilt und daher können wir uns in letzter Konsequenz immer selbst vergeben.

Die wirkliche Herausforderung des Lebens besteht darin, auf andere nicht wütend zu sein wegen der Probleme, an denen sie arbeiten.
Das ist echtes Mitgefühl. Leider beeinflussen die vorherrschenden Muster und Egostrukturen immer wieder unseren Lebensweg. Selbst bei großen Tragödien geht es nicht um Schuld, da alles, was geschieht, selbst wenn wir das nicht verstehen, einen höheren, innewohnenden Sinn hat. Billy Fingers übermittelt:
»Man ist nicht auf der Erde, um bestraft zu werden. Um Sünde und Sühne geht es gar nicht. Das ist nur eine Vorstellung des Menschen. Eine Erfindung. Die Menschen reimen sich irgendetwas zusammen und glauben es dann.«[77]

Die spirituelle Therapie

Verstorbene berichten immer wieder darüber, dass sie nach ihrem Lebensrückblick eine Art Reinigung von alten Energien erlebt haben, eine Art tiefgehende Heilung, um sich von alten Mustern zu befreien und sich weiterzuentwickeln. Erik wird bewusst, dass er seine Aufmerksamkeit während seines Lebens nur auf sich selbst und sein unglückliches Leben richtete. Das war eine selbsterschaffene innere Dunkelheit, weswegen er sich jetzt in einer tiefen Schwärze wiederfindet. Er fühlt sich dabei unendlich geliebt und rundum erneuert.
Die schwarze Dunkelheit ist einfach eine heilende Energie. Innerhalb dieser Leere oder Dunkelheit durchdringen uns Farben und Lichter, um uns wieder ganz und heil zu machen. Billy berichtet:

»Schon in der ersten Sekunde, in der mich die Lichter berührten, löschten sie alles Leid, das ich zu Lebzeiten je hatte: physisch, mental, emotional oder sonst wie.«[78]
Die Reinigung und Erneuerung der Lebensenergie söhnt mit allen Schwächen und Fehlern aus, durch die intensive Auseinandersetzung in der Phase der Erinnerung werden wir wieder heil und ganz. Erik litt zeit seines Lebens an einer bipolaren Störung, einer psychischen Erkrankung, die als unheilbar gilt. Ständige Depressionen erschwerten sein Leben. Während der Reinigung kann er seine Erkrankung annehmen und schreibt:
»Als ich in der Dunkelheit war und mich reingewaschen fühlte, fielen das Stigma, der Schmerz und meine Verwirrung über die Erkrankung von mir ab mit allem, was damit verbunden war. Zum ersten Mal überhaupt erfuhr ich, wie es sich anfühlt, ohne diesen beständigen Druck zu leben.«[79]
Man kann die unterschiedlichen Sphären der geistigen Welt durchaus als unterschiedliche Ebenen der Göttlichkeit verstehen. Das ist abhängig von der Fähigkeit, bedingungslose Liebe zu erzeugen und aufrechtzuerhalten. Jeder von uns befindet sich auf einer anderen Entwicklungsstufe hin zur anteilnehmenden, göttlichen Liebe. Tommy Rosa schreibt über seine diesbezüglichen Erfahrungen:
»Hier sind alle dabei zu lernen, wie man bedingungslos liebt. Die bedingungslose göttliche Liebe – ohne Urteil – ist Gottes Weg, dich und all die Dinge, die er erschaffen hat, zu lieben. Zu lernen, wie Gott zu lieben, ist der Pfad spiritueller Entwicklung und Erleuchtung. Je mehr du der Liebe gleichst, desto weiter ist deine spirituelle Entwicklung vorangeschritten. Das Ziel besteht nicht in der

Suche nach Liebe, sondern darin, zur Liebe zu werden.«[80]

Wir setzen in der geistigen Welt unsere Entwicklung fort und werden in heiliges Wissen eingeweiht. Jeder Einzelne erhält die Möglichkeit, sich weiterzuentwickeln durch das Wissen über Energie, Lebenskraft und die Ausstrahlung des Lichtes der Liebe. In den Schulen, spirituellen Therapien oder Heilstätten des Jenseits steht bedingungslose Liebe an erster Stelle. Da jeder Mensch über den göttlichen Funken seines höheren Selbst verfügt, besitzen wir inwendig die Fähigkeit, die bedingungslose Liebe zum Anker unseres spirituellen Wachstums zu machen. Nur diese Liebe erzeugt Selbstheilung und befreit von alten, festgefahrenen Denkstrukturen. Wahre Liebe macht frei.

Verändertes Bewusstsein und der neue Körper

Der Prozess der Selbsterkenntnis ist damit verbunden, ein ewiges, ganzheitliches, geistiges Wesen zu sein, das von seinem Innersten und seiner wahren Geistidentität ganz und heil ist. Nachdem alle irdischen Erfahrungen bis in den letzten Kern des Seins aufgearbeitet worden sind, verfeinert sich das Bewusstsein der Seele. Sie ist jetzt im Stande, immer neue Bereiche des schöpferischen Universums zu erkennen. Strukturen und Dogmen, ob wissenschaftlich, religiös oder philosophisch, werden hinter sich gelassen.

Das Körpergefühl verändert sich und viele erkennen sich als ein in Form gesetztes Licht. Das führt zu der tieferen

Erkenntnis, dass wir nun Kraft der Gedanken jede Form annehmen können. Das ist verbunden mit einem Gefühl von Leichtigkeit und Weite und wir wissen dann, dass wir uns bewusstseinsmäßig immer weiter ausdehnen können. Wir sind weder an einen Raum noch an die Zeit gebunden. Durch die sich einstellende Bewusstseinserweiterung kann jeder Raum ausgefüllt werden, um sich bis in die Unendlichkeit auszudehnen. Anita Moorjani erlebte das folgendermaßen:

»Während meine Emotionen von meinem Umfeld wieder abgezogen wurden, bemerkte ich, dass ich mich weiterhin kontinuierlich ausdehnte und allen Raum ausfüllte, bis es zwischen mir und allem anderen keine Trennung mehr gab. Ich umfasste – nein, ich wurde – alles und jedes.«[81]

Der neue »Körper« ist nichts anderes als eine reine formlose Energie, sozusagen das wahre Selbst, die Essenz dessen, was wir sind. In den Gesprächen mit seiner Mutter sagt Erik dazu:

»Jetzt weiß ich, dass ich jede beliebige Form annehmen kann, die ich möchte, und dass ich so fest sein kann, wie ich will. Ich kann so alt aussehen, wie ich will. Ich kann alle Arten von Kleidung tragen. Ich kann ein Lichtstrahl oder eine Lichtkugel sein. Ich kann massiv oder durchscheinend sein. Das hängt ganz von mir ab, und normalerweise verändere ich meine Form, mit wem ich gerade zusammen bin, ob es ein Freund von hier ist oder ein menschliches Wesen auf der irdischen Ebene.«[82]

Je mehr wir unser irdisches Ich abgelegt haben, desto mehr verschmelzen wir mit der universellen Energie – wir werden diese Energie, die wir als Gott bezeichnen würden. Billy konstatiert:

»So wage ich mich in eine Dimension dessen vor, was man vielleicht als Quelle bezeichnen könnte. Ich kann sagen, dass im Zentrum von allem eine Energie steht, ein immaterielles Material, dass ich mangels treffenderer Begriffe Liebe nennen würde.«[83]

So mancher Verstorbene wird sich nach seiner Lebensrückschau gewahr, dass er eine formlose Essenz im Universum des Lichts geworden ist. Das ermöglicht sich mit allem und jedem zu verschmelzen, worauf die Aufmerksamkeit gerichtet wird. Es ist sozusagen ein Erwachen in die höheren Dimensionen der geistigen Welt, das stets mit der Erkenntnis verbunden ist, ein individualisierter Teil von allem, was ist, zu sein. Billy erklärt an einer anderen Stelle:

»Die Art von Glückseligkeit, die hier existiert, passt nicht zum menschlichen Körper, weil der bestimmten Gesetzen unterliegt. Ich bin sicher, hier gibt es auch Gesetze, aber die erscheinen mir doch sehr milde, lax und zu unserem Vorteil zu sein. Hier herrscht eine Freiheit, wie ihr sie da, wo du bist, gar nicht kennt.«[84]

Das Erwachen in die höheren Welten

Die absolute Seligkeit wird erst nach dem Abstreifen des erdwärts gerichteten Denkens erreicht und somit auch nicht von jedem Verstorbenen unmittelbar erlebt. Eine Verfeinerung des Bewusstseins geht einerseits mit einem Loslassungsprozess einher – was nicht für jeden einfach ist, da sich manche zu sehr in die Erdenmaterie verstrickt haben – andererseits werden unsere Sinne und Gefühle transzendiert.

Wenn wir unseren Körper verlassen, sind wir reines Bewusstsein und haben ein allumfassendes Gewahrsein von allem. Das ist nicht länger mit unseren Körpersinnen verbunden, also dem Sehen, Hören, Berühren, Schmecken oder Riechen. Wir sind dadurch nicht länger eingeschränkt.
Erik bemerkte deutlich, wie sich seine Sinne verändert und erweitert haben. Er kann zwar die Sinne aus seinem Leben erinnern und dadurch neu erschaffen, doch das funktioniert auch außerhalb dieser Erinnerungen. Sein Geschmackssinn – er ist körperlos und hat keinen Mund mehr, ist völlig verändert. Wer beispielsweise Lust auf eine Pizza hat, kann sich mit dem Energiefeld eines Menschen auf der Erde verbinden, der gerade eine Pizza isst. Der Geschmack der Pizza wird energetisch aufgenommen, der gefühlt wird als Geschmack in seinem Energiekörper und um ihn herum.
Vom Geruch her riecht alles frisch und sauber. Was das Sehen betrifft, so gibt es ein 360°-Spektrum der Wahrnehmung, wie das auch in den Nahtoderfahrungen häufig beschrieben wurde. Alle Informationen über das, was geschieht, sind sofort präsent, als Allwissen, das in das eigene Energiefeld strömt. Klang ist Vibration, Schwingung. Der Energiekörper geht in Resonanz zu der ausgesandten Frequenz. Wir hören nicht mehr wie auf der Erde, sondern der neue Körper absorbiert die Energie so, dass sie emotional gespürt wird.
Wenn sich zwei Spirits berühren, verschmelzen ihre Energien und erschaffen dadurch ein eigenes Energiefeld. Das ist nicht wie eine menschliche Berührung, da sie alle Gedanken, Emotionen und Absichten des anderen gleichzeitig spüren. Sie wissen alles, was in Vergangenheit, Gegen-

wart und Zukunft vom anderen erlebt wurde. Und das im selben Augenblick. In der geistigen Welt gibt es weder Geheimnisse noch Privates. Eine derartige Verschmelzung berührt nicht nur den tiefsten Level der eigenen Identität, sondern ist ein gegenseitiger, gleichzeitiger Austausch.

Jedes Gefühl entfaltet sich um uns herum, außen wie innen. Deswegen vermischen sich die unterschiedlichen Gefühle in diesen Begegnungen. Wenn wir etwas wahrnehmen, ist das stets mit Geschmack, Geruch und Klang verbunden, da wir alle entsprechenden Schwingungswellen gleichzeitig wahrnehmen. Niemand vermag hier an seinen negativen Emotionen festzuhalten. Der Himmel ist wie ein nackter, leerer Strand, wo wir keine Badehose mehr brauchen, um etwas zu verdecken.

Wir können unseren wahren Gemütszustand weder verstecken, noch verbergen. Alles ist wie ein offenes Buch. Die Gefühle gehören allen und wirken sich auf jedes Geistwesen aus. Wir sind nicht länger voneinander getrennt. Es ist nicht einfach, sich daran zu gewöhnen, da wir es von der Erde her gewohnt sind, die eigenen Gefühle verbergen zu können. Erik übermittelte seiner Mutter: »Wenn jemand hier unter Depressionen leiden würde, wären alle Türen und Fenster weit geöffnet, und alle Lichter wären an. Es fällt viel schwerer, im Zustand der Depression zu verweilen. Man kann aber depressiv bleiben, wenn man sich extrem darauf konzentriert. Andere können aber sehen, wie du dich fühlst. Hier kannst du nichts verstecken, Mama. Und wenn ich bemerke, wie sich jemand auf Depressionen konzentriert, habe ich die Wahl. Ich kann ihm sein momentanes Gefühl einfach lassen, ich könnte ihm aber auch mehr Licht schicken. Wir alle arbeiten gemeinschaftlich.«[85]

Das Ego ist aufgelöst und wir sind nun wieder die reine Essenz, verschmolzen in das EINE Selbst. In der medialen Literatur wird dieses Erwachen in die Welt des Lichtes, den höheren Ebenen der geistigen Welt als zweiter Tod bezeichnet, der allerdings in keinster Weise mit Leid und Schmerz verbunden ist. Dadurch wird zum Ausdruck gebracht, dass die letzten Hüllen oder Energien, die wir aus dem Erdenleben mitgebracht haben, endgültig abgestreift wurden.

Wir entwickeln uns weiter in dem Sinne, die Lektionen und Herausforderungen des Lebens zu erkennen oder eben nicht. Zusammenhänge, die wir vorher nicht erkannt haben, erscheinen in der geistigen Welt in einem klaren Licht, da hier verschiedene Frequenzstufen wirken: Die astralen Welten, die kausale Lichtwelt und das Einssein mit Gott.

Alles ist gleichzeitig gelebte Realität, um zu ermöglichen, unterschiedliche Erfahrungen zu machen. Deswegen kann jede Seele ihren eigenen und spezifischen Weg gehen. Das Erwachen in das Licht des Christusbewusstseins ist ein schrittweiser Prozess. Elisabeth Kübler-Ross spricht von ihren eigenen Erfahrungen:

»Das Erwachen in der geistigen Welt ist wundervoll. Als ich in dieser strahlend hellen Umgebung aufwachte, wurde ich von der Vielfältigkeit der Eindrücke förmlich überschwemmt. Ich fragte mich, was denn eigentlich anders ist in der geistigen Welt, und bin zu dem Schluss gekommen: Die vollkommene Abwesenheit der Angst. Das ist der größte Unterschied.«[86]

Wir erwachen in eine Dimension der Geborgenheit und Liebe, die wir uns kaum vorstellen können und in der die Abwesenheit von Angst nicht länger unser Handeln oder Denken blockiert. Der irdische Körper ist eine Hülle, die uns begrenzt und nicht erkennen lässt, dass wir von unserem wahren Wesen her reine Lichtenergie sind. Die Lebenskraft, der inwendige göttliche Funke, wird bei der Geburt im Körper manifestiert. Das kann man vielleicht wie Perlen, die sich im ganzen Körper verteilen, verstehen. Das ist das, was wir als Seele bezeichnen, und macht uns lebendig. Wenn wir sterben, verlagert sich die Essenz unseres Wesens zurück in die andere Welt. Der Tod ist wie eine Geburt.

Das ist unabhängig davon, auf welche Weise wir gestorben sind: ob durch Krankheit, durch Mord, durch einen plötzlichen Tod oder Suizid. Da viele Menschen besonders nach dem Suizid eines Angehörigen große Probleme in der Verarbeitung des Geschehens haben, möchte ich im folgenden Kapitel darauf eingehen, wie jemand, der sich das Leben genommen hat, seinen Übergang und sein Erwachen erlebt, zumal der Suizid in der heutigen Zeit vor allem viele junge Menschen betrifft.

4. KAPITEL

Suizid

Die geistigen Hintergründe eines Suizids

Grundsätzlich ist der Tod nicht genau vorbestimmt. Kein Tod geschieht zufällig – ob durch ein Gewaltverbrechen wie Mord, einen Suizid, eine schwere Erkrankung oder eine plötzliche, wie ein Herzinfarkt, einen Unfall oder eine Naturkatastrophe: Das Leben bietet verschiedene Ausstiegsmöglichkeiten, und es kommt darauf an, wie der Einzelne auf eine plötzlich auftretende lebensbedrohliche Krise reagiert.

Gibt der Betroffene sich auf oder empfindet er die Umstände, die seinen Tod zur Folge haben könnten, als Herausforderung oder gar als Wendepunkt? Eine lebensbedrohliche Krise kann durchaus dazu führen, achtsamer oder eigenverantwortlicher mit sich selbst umzugehen. Schädliche Sicht oder Handlungsweisen können erkannt und aufgelöst werden. Andere wiederum entscheiden sich im Einklang mit der Seele, dass die Zeit zu gehen gekommen ist.

Wir vergessen schnell, dass wir in einen größeren, geistigen Sinnzusammenhang eingebunden sind. Die Seele weiß, wenn die Zeit zum Sterben gekommen ist. Sie sendet Impulse, um das Erden-Ich darauf vorzubereiten, was sich in Form von Vorahnungen bei einem plötzlichen Tod immer wieder gezeigt hat, wobei den Angehörigen das erst im Nachhinein bewusst wird.

Jeder hat einen freien Willen. Die Möglichkeit, sich das Leben zu nehmen, ist darin enthalten. Ich bin persönlich davon überzeugt, dass ein vollendeter Suizid im Einklang mit der Seele erfolgt. Wenn die Zeit zum Gehen noch nicht gekommen ist, gelingt ein Suizidversuch auch nicht.

Eine Selbsttötung wird von vielen Angehörigen häufig als ein plötzliches und unerwartetes Ereignis wahrgenommen. In Wirklichkeit muss sich ein Mensch, der sich das Leben nehmen will, intensiv mit seinem Tod auseinandersetzen. Die Frage stellt sich: Wie will ich den Tod herbeiführen? In der Wahl der Mittel zeigt sich im Nachhinein der Grad der Entschlossenheit, sterben zu wollen. Es gibt weiche und harte Methoden. Die meisten wählen Methoden, die der seelischen Befindlichkeit entsprechen. Die Suizidstatistiken weisen nach, dass Männer oft harte Methoden wie Erhängen, Erschießen oder Schienentod bevorzugen, während Frauen eher zu Medikamenten und Gift greifen oder sich die Schlagadern öffnen.

Aus der geistigen Perspektive betrachtet bleibt festzuhalten, dass sich kein Mensch wirklich töten kann. Da die Seele unsterblich ist, kann nur der Körper getötet werden. Ein Suizid ist lediglich eine von vielen Todesarten, die der Seele offenstehen, wenn sie ihren Wunsch, noch im Körper weiterleben zu wollen, aufgegeben hat. Das kann sich genauso durch eine tödliche Erkrankung oder einen plötzlichen Unfalltod manifestieren.

Kein anderes menschliches Phänomen ist so sehr in Wertungen eingebettet wie der Suizid. Das zeigt sich schon in der Benennung des Begriffs »Selbstmord«, auf den ich hier im Folgenden weitestgehend verzichten möchte. Menschen, die sich das Leben genommen haben, hinterlassen häufig Unverständnis und Schuldgefühle bei ihren Angehörigen. Dadurch wird die Auseinandersetzung mit diesem Tabuthema beschwert.

Im Christentum und vielen anderen Religionen wurde der »Selbstmord« als Todsünde betrachtet, was angeblich unmittelbare Bestrafung und Verdammnis im Jenseits nach sich zieht. Die Anmaßung, über Menschen Urteile zu fällen und dabei gleichzeitig die innere Not, den Schmerz und Leidensdruck zu ignorieren, zieht sich durch die gesamte Weltgeschichte, von ihren Anfängen bis in unsere unmittelbare Gegenwart.

Wirklich heilende und unterstützende Seelsorge kann nur im Mitgefühl, in einem liebenden Verständnis und in der Akzeptanz liegen. Es geht darum, den Tod anzunehmen wie er ist, unabhängig davon, in welcher Form er eintritt, um nicht in das Was-wäre-wenn-Schema und den Schuldgefühlen zu versinken, die dazu führen, dass Angehörige sich häufig verantwortlich fühlen.

Suizid ist stets verbunden mit der persönlichen Entscheidung des Menschen, der sich das Leben genommen hat. Er ist eine Möglichkeit, die jemand wählt, der aus einer tiefsitzenden Verzweiflung oder massiven Problemen einen Ausweg sucht. In der Spannbreite des freien Willens ist eine Selbsttötung als Entscheidungsmöglichkeit eingebettet. Sie unterliegt dem Willen und der Eigenverantwortung eines Betroffenen.

Wie immer wir einen Suizid betrachten, eines sollte klar sein: Derjenige, der sich das Leben nimmt, ist dafür selbst verantwortlich. Wenn ein Suizid gelungen ist, können wir uns viele Schuldgefühle ersparen, wenn wir uns bewusst machen, dass wir den Tod nicht hätten verhindern können. Ein Mensch, der sich dazu entschlossen hat, steht im Einklang mit seiner Seele, seinem höheren Selbst. Wenn die Zeit zum Sterben nicht gekommen ist, gelingt ein Suizid nicht. Ein kurzer Blick auf die Statistik offenbart, dass von hundert Suizidversuchen nur zehn Menschen sterben. Es ist also gar nicht so leicht sich das Leben zu nehmen.

Der Mensch ist ein unsterbliches, geistiges Wesen und das körperliche Sterben ist, völlig unabhängig davon, wie der Tod herbeigeführt wurde, ein Wandlungsgeschehen, in dem der materielle Körper abgestreift wird. Das Bewusstsein geht über in eine andere Form des Seins. Nahtoderfahrungen und Kommunikationen mit Verstorbenen bezeugen in eindeutiger Weise, dass es keine Auslöschung des Bewusstseins gibt. Im Gegenteil – sobald der Körper verlassen wird, stellt sich eine unmittelbare Bewusstseinskontinuität ein.

In diesem Zusammenhang möchte ich darauf verweisen, dass der Suizid keine Lösung für ein Problem ist, denn das Unerledigte muss dann in der geistigen Welt aufgearbeitet werden. Es existiert kein nebulöses Nichts, in dem wir für immer bewusstlos sind. Das ist unabhängig davon, ob jemand atheistisch geprägt ist oder an eine höhere Macht glaubt. Letztlich wird sich jeder von uns mit seinem gelebten Leben auseinandersetzen.

Sterben zu wollen und tatsächlich gestorben zu sein sind völlig unterschiedliche Bewusstseinszustände. Solange wir in einem irdischen Körper leben, können wir unangenehme Dinge bereinigen oder Veränderungen herbeiführen. Der Tod ist unumkehrbar, ein nicht mehr rückgängig zu machender IST-Zustand: Wir sind die Essenz unserer Gedanken, Worte und Taten, und so mancher wird unmittelbar nach dem Tod mit dem Leid der Hinterbliebenen konfrontiert. Der Übergang als solcher wird genau so erlebt, wie das hier schon öfter beschrieben wurde.

Der Suizid aus der Sicht eines Jugendlichen

In dem bemerkenswerten Buch von Anna Puryear »Stephen lebt« berichtet Stephen von seinen Erfahrungen auf der anderen Seite des Seins. Er versichert seiner Mutter, dass er lebt und sich jetzt viel freier als in seinem Körper fühlt. Er erklärt, was zu seinem Suizid geführt hat und was im Todesaugenblick und danach mit ihm geschah.

Eltern von Kindern, die sich selbst getötet haben, hadern vor allem damit, dass sie nicht erkannt haben, wie gefährdet ihr Kind war, und dass sie sich nicht verabschieden konnten. Kinder oder Jugendliche hinterlassen häufig keine Abschiedsbriefe und viele Eltern wissen daher nicht, warum sich ihr Kind das Leben genommen hat. Das führt zu starken Schuldgefühlen. Stephen hingegen teilt seiner Mutter mit, dass sie nicht verantwortlich ist für seine Entscheidung, sterben zu wollen. Zu Beginn der ausführlichen Kommunikation mit seiner Mutter heißt es:

»Es liegt immer in der Verantwortung dieser Seele, egal, in welchem Alter der Mensch ist, denn auch ein kleines Kind ist eine alte Seele. Sich selbst anzuklagen vergrößert nur den Schmerz und auch die Schuldgefühle, wenn sich die Angehörigen damit quälen, dass das, was sie taten oder nicht taten, den anderen in den Tod getrieben hätte.«[87]

Stephen betont, dass die Entscheidung, sich das Leben zu nehmen, falsch war. Doch aus dieser falschen Entscheidung heraus bekam er die Möglichkeit, aus dem Jenseits mit seiner Mutter und anderen auf der irdischen Ebene zu arbeiten.

Kein Mensch gehört uns: weder unser Kind, noch der Ehemann, noch die beste Freundin. Jeder Mensch hat eine eigenständige Seele mit ihren jeweils spezifischen Aufgaben und Lebenswegen. Für Eltern ist es besonders schwer, das beim eigenen Kind zu akzeptieren.

Stephen hasste seinen dicken Körper und fürchtete die Hänseleien seines Umfeldes. Er fühlte sich gedemütigt und wollte nicht mehr leben. Er beschloss, sich im Wald zu erhängen. Der Tod kam sofort und Stephen floss aus seinem Körper heraus. Er nahm seinen Körper wahr, was ihn zunächst in Panik versetzte, da ihm nun die Unumkehrbarkeit seines Todes bewusst wurde. Stephen berichtet:

»Ich erblickte den Kopf von oben, dann schwamm ich ein Stückchen weg und sah den ganzen Körper, der da am Nacken an diesem Seil herabhing. Für einen Moment konnte ich ihn nicht zuordnen. Es kam mir sehr fremd vor. Dann plötzlich wurde mir klar, dass ich das war. Ich wurde panisch. Und zwar richtig panisch! Ich war überhaupt nicht erstaunt, dass ich meinen Körper verlassen hatte und immer noch lebendig war, dass ich sehen und denken konnte.«[88]

Dann manifestieren sich Freunde und Bekannte.

»Als ich mich umschaute, begannen diese Formen nun klarer zu werden. Ich sah Opa H., den ich ja nur von

Bildern her kannte – er war es. Da waren auch deine Großväter und viele andere Leute, die ich aus den Fotos aus dem Album kannte. Ich entdeckte einige Freunde, oder eher Leute, die ich von irgendwo her kannte, und ich erinnerte mich, dass die alle gestorben waren.«[89]

Es ist immer Hilfe da und eine Frau kümmert sich um ihn und führt ihn zu seiner Mutter, der gerade die Todesnachricht überbracht wird. Stephen fühlt ihren Schmerz. Dann fällt er in einen tiefen Schlaf und erwacht in einer Umgebung, die seinem irdischen Zuhause ähnelt. Verwundert stellt er fest, dass er über Nacht schlank geworden ist. Die Geisthelferin erklärt ihm:

»Was hier passiert ist, erklärt man so, dass der spirituelle Körper und die Gedanken genau das erschaffen, was du willst. Wir hier können deinen Körper sehen, aber deine Familie und die Freunde auf Erden werden nur in ganz seltenen Fällen dazu in der Lage sein.«[90]

Stephen erwacht in der Anpassungsebene und wird behutsam auf das Leben in der geistigen Welt vorbereitet. Er erkundet seine neue Umgebung:

»Überall gab es Bäume und Vögel und Straßen und Häuser und Menschen. Viele waren freundlich und schienen glücklich, manche sprachen uns an, andere gingen einfach nur vorbei, wieder andere winkten. Es gab ein paar alte Leute, aber nicht viele. Wie mir die Frau später erklärte, nimmt hier jeder für eine Zeit das Alter an, das er am besten findet, niemand muss hier so bleiben, wie er war, als er starb.«[91]

Stephen stellt wenig später fest:

»Was mit einem Selbstmörder geschieht, ist kaum anders als bei einem Menschen, der im Alter oder durch einen Unfall ums Leben kam. Die Helfer und Engel sind im Moment des Todes bei ihm, sie helfen der Seele manchmal schon Augenblicke vor dem eigentlichen Tod aus dem Körper herauszukommen.«[92]

Jeder sieht zunächst den abgestreiften Körper von außen, wobei die Reaktionen darauf unterschiedlich sind. Manche geraten in Panik, allerdings nur für einen kurzen Moment, andere weinen oder wollen zurückkehren. Jeder reagiert auf seine Weise. Dabei geht es darum, den Tod zu akzeptieren und keinen Körper mehr zu haben. Gleichzeitig nehmen sich die Erlebenden als bewusst, lichtvoll und leicht wahr. Stephen konstatiert:

»Wirkliche Unfälle gibt es übrigens kaum. Ob Selbstmord oder natürlicher Tod, auf eine bestimmte Weise hat man immer mit daran geplant und wenn man dann in dieser Sphäre hier ist, wird man sich dessen auch wieder bewusst. Der eigene Grad an Bewusstheit bestimmt auch, was man in den nächsten Tagen oder Wochen lernt.«[93]

Manche erkennen in ihrem astralen Körper eine Kopie ihres Erdenkörpers, doch irgendwann wird die Form in eine leichtere und lichtere Hülle eingetauscht. Auch in diesem Bereich zeigt sich ein weiteres Mal: Es gibt keine Hölle für Menschen, die sich das Leben genommen haben. Stephen konstatiert:

»Es (seine Botschaften) wird den Menschen wieder Hoffnung geben, die einen lieben Menschen durch Selbstmord verloren haben. Es wird sie beruhigen, weil sie wissen werden, dass jemand, der auf diese Weise die Erde verlässt, nicht in irgendeine Hölle kommt und nicht die Verdammnis erfährt, wie viele Kirchen das gerne predigen. Sie lernen, werden unterrichtet, ihnen wird geholfen. Und auch sie helfen wiederum anderen.«[94]

Der Suizid junger Menschen

Wer die Angst vor dem Tod verliert, beginnt wirklich zu leben. Der Tod ist nicht das Ende und die Verstorbenen sind immer bereit, mit uns in Kontakt zu treten und uns zu unterstützen, wenn wir das zulassen können. Auf der Erde herrscht gegenwärtig viel Angst, Verzweiflung und Perspektivlosigkeit, was zu einer Zunahme von Selbsttötungen junger Menschen geführt hat. Der Suizid ist zur Haupttodesursache von Heranwachsenden avanciert.

Wenn ein Kind stirbt, stehen in der geistigen Welt viele Helfer bereit. Wir alle sind als ewige geistige Wesen »alte Seelen«, was häufig in Bezug auf Jugendliche und Kinder nicht verstanden wird. Die Helfer in der geistigen Welt:

»… sorgen auch dafür, dass das Kind sehr bald seine alten Seelenqualitäten, sein Bewusstsein seelischer Reife, wieder manifestieren kann. Anfangs sind sie vielleicht noch so, wie sie zuletzt auf der Erde waren, einfach damit sie sich leichter zurechtfinden. Bald aber werden sie wieder mit der Reife erscheinen, die sie als Seele haben.«[95]

Auf der geistigen Ebene sind wir von Liebe und Fürsorge umgeben. Durch das höhere Selbst, den innewohnenden göttlichen Funken, bleiben die Eltern bewusst oder unbewusst mit dem Kind oder Jugendlichen in Verbindung, vor allem durch Träume. Es gibt keine Trennung auf diesen Ebenen höheren Bewusstseins. Insofern kann man einen geliebten Menschen niemals verlieren. Der emotionale Ballast, die Überforderung, der Leistungsdruck, das Gefühl, von anderen nicht angenommen zu werden, oder familiäre Probleme erzeugen bei vielen Jugendlichen einen permanenten Druck.

Das kann zu psychischen Erkrankungen, mangelndem Selbstwertgefühl, Depressionen bis hin zur Drogensucht führen. Aufgrund der scheinbaren Perspektivlosigkeit kommt bei vielen das Gefühl auf, nicht länger leben zu wollen. Wenn sich ein 20-Jähriger, der für alle da war, völlig unerwartet das Leben nimmt, handelt er in Einklang mit seiner Seele. Auch wenn es, solange wir auf der Erde in einem Körper leben, immer bessere Entscheidungen gibt, als einen Suizid zu begehen.

Alle äußeren Lebensumstände werden durch die Gedanken und das Handeln eines Menschen hervorgerufen. Eine einzige neue Entscheidung kann aus Leid, Schmerz und Perspektivlosigkeit herausführen. Gregory übermittelte mir über die Suizidproblematik Folgendes:

»Viele junge Menschen in dieser Zeit sind mit weitaus offeneren Kanälen für die geistige Welt als jemals zuvor auf die Erde inkarniert. Sie tragen noch die Sehnsucht in sich nach einer Welt der Liebe, Geborgenheit und Freiheit, da sie mit ihr verbunden bleiben. Sie wissen, dass sie zum Fortschritt der Menschen beitragen sollen, und treffen dann auf die Widerstände eurer verkrusteten Gesellschaftsstrukturen, in denen nicht geistige Werte zählen, sondern Äußerliches und Materielles als einzige Werte.

Dass sich gegenwärtig viele junge Menschen das Leben nehmen hat durchaus mit diesen inwendigen Unfreiheiten zu tun: Sie kennen ihren Weg, werden aber begrenzt und können ihn nicht leben; gepaart mit einer Sehnsucht nach der Geborgenheit und Vollkommenheit der anderen Welt, aus der es sie hierher verschlagen hat. Sie fühlen sich wie ein Fremdling auf Erden, und der Wille, sterben zu wollen, ist eigentlich der Wille, in Freiheit und

Geborgenheit leben zu wollen, da sie wissen, dass der Tod keine Auslöschung bedeutet, sondern einen Übergang in ihre geistige Heimat. Die starren, verblendeten und verkrusteten Strukturen eurer Welt, die sich gegen das Neue oder Andere stemmen, werden in den nächsten Jahren aufgelöst werden durch Vorgänge, die euch begreiflich machen, dass alle Lebenden mit allem anderen Sein verbunden sind und nur in der Einheit des EINEN GEISTES die Erlösung aller stattfinden wird.
Das verlangt in erster Linie Offenheit, Authentizität und die Bereitschaft, alte Strukturen in sich selbst zu erkennen und aufzulösen. In der erlösten und befreiten Welt, wenn Gott in allen Menschen erwacht ist, seid ihr wie ein offenes Buch, in dem jeder lesen kann. Deshalb ist es so wichtig, im Leben zu lernen, sich selbst zu akzeptieren, wie man ist, und an den nicht gelösten Problemen zu arbeiten, um sie aufzulösen.«[96]
In der geistigen Welt sind wir von bedingungsloser Liebe eingehüllt. Es gibt kein Richtig oder Falsch mehr, keine Bewertung oder Verurteilung. Auch Erik Medhus beging Suizid. Durch seine psychische Erkrankung wurde eine Mauer errichtet zwischen der Welt der anderen und dem eigenen inneren Käfig. Außerhalb seiner Familie musste er stets versuchen mit seinen Emotionen und Gefühlen selbst klarzukommen. Er konnte sich selbst nicht lieben. Durch die tiefe Auseinandersetzung mit dem eigenen Leben wird eine völlig neue Perspektive der Selbstbetrachtung erlangt. Während des Lebens steht das Ego im Vordergrund, doch in der geistigen Welt erweitert sich der Fokus auf alles, was ist: Wir werden mit allem anderen Sein verbunden, ohne Verlust der eigenen Identität. Da allem dieselbe Lebenskraft innewohnt, erfahren wir nun

die Einheit des Seins. Die Wahrnehmung verändert sich, genauso die irdische Sichtweise der Dinge – vom Verstand und dem Ego ausgehend hin zum Herzen.
Im Jenseits erfolgt Kommunikation einzig über das Herzbewusstsein der allumfassenden, bedingungslosen Liebe. Der wesentliche Unterschied zum irdischen Dasein besteht darin, alles fühlend wahrzunehmen. Auf der Erde denken wir zunächst etwas, worauf sich ein Gefühl einstellt. Wenn wir aber in den Bewusstseinszustand der Liebe eingehen, werden wir nicht länger vom Egoverstand beherrscht, sondern die Liebe übernimmt die Führung. Dadurch lösen sich alle negativen Gedanken auf.
Erik resümiert:
»Der größte Wandel meiner bisherigen Sichtweise, nachdem ich ein Geistwesen geworden war, lag in der Erkenntnis, dass der meiste Schmerz, den ich im Leben fühlte, daraus resultierte, dass ich nicht auf mein Herz und meine gefühlsmäßigen Impulse gehört habe, sondern vom Egoverstand regiert wurde. Sobald ich im Stande war, mit dem Herzen zu denken, statt mit dem Verstand, habe ich die wahre Natur des Leidens verstanden. Alles Leid entsteht aus dem inneren Widerstand, die zugrundeliegenden Emotionen und Impulse zuzulassen. Widerstand gibt es in vielfältiger Weise. Den Schmerz verleugnen oder verdrängen oder wir machen andere für unser Leid verantwortlich oder unterdrücken ihn durch Drogen oder Sex. Wenn ich mehr auf mein Herz gehört hätte während meines Lebens, wäre ich viel glücklicher geworden.«[97]

Mediale Aussagen

Durch die Stigmatisierung der Religionen entstanden zahlreiche Mythen und Missverständnisse, die sich um die Seelen von Menschen ranken, die sich das Leben genommen haben. Ein weitverbreiteter Mythos ist, dass die betroffenen Seelen einsam und verloren an einem dunklen Ort für lange Zeiträume vor sich hin vegetieren und nur durch Gebete der Angehörigen erlöst werden können. Das intensive Verlangen von einem Zustand geistigen, körperlichen und vor allem emotionalen Leidens frei zu werden ist die Grundursache, das Wesen einer Selbsttötung. Ein Mensch, der diesen Schritt ins Ungewisse wagt, steht unter einem immensen Leidensdruck, da seine irdische Wirklichkeit unerträglich geworden ist. Wer sich das Leben nimmt, wünscht sich nichts anderes, als angenommen und geliebt zu werden. Wenn ein Suizidversuch ein Hilferuf ist, so ist ein gelungener Suizid wie ein Anruf im Himmel selbst.

Gott ist Liebe und das Jenseits ist ein Ort der Heilung und Erholung für jede Seele. Es ist absurd zu glauben, dass Leid nun noch einmal vergrößert wird. Derartig grausame Vorstellungen können nur menschlichen Hirnen entstammen, aus der Polarität der Gespaltenheit zwischen Richtig und Falsch oder Gut und Böse. Das entspringt letztlich der Angst vor dem Unbekannten. Wir versuchen alles, was Gefühle von Unsicherheit und Angst hervorruft, durch Werten und Urteilen unter Kontrolle zu bringen.

Aus Mangel an Liebe und Mitgefühl werden die innere Not und der Leidensdruck eines Mitmenschen häufig nicht erkannt.

Der dunkle Ort, den wir mit Angst und Schrecken besetzt haben, ist in Wirklichkeit ein Ort der Reinigung, des Lösens und Loslassens unserer Widerstände. Wir geben uns der inneren Weisheit hin und tauchen ein in die göttliche Kraft der Liebe. Dunkelheit ist ein Übergang, in den Nahtoderfahrungen auch als Durchgang durch einen Tunnel oder durch eine Leere beschrieben.

Steffany Barton ist ein in Amerika sehr bekanntes Medium. Sie kommuniziert seit vielen Jahren hauptsächlich mit Seelen, die ihren Tod selbst gewählt haben. Die Verstorbenen haben ihr erklärt, wie sie das Jenseits erfahren haben, und vermitteln Botschaften der Liebe zwischen Himmel und Erde.

Jede Seele wird auf der anderen Seite mit Liebe und Wärme empfangen, es sei denn, sie kann ihren Tod nicht akzeptieren oder bleibt durch Hass, Rachsucht oder Gier an Personen oder Orte gebunden. Das unterliegt einer eigenen Entscheidung, ist aber stets ein vorübergehender, selbstgewählter Bewusstseinszustand. Ein Mann, der über Jahrzehnte von einer psychischen Erkrankung betroffen war, nahm sich das Leben und berichtete von seinen Erfahrungen:

»Als ich in die Welt des Geistes zurückkehrte, konnte ich endlich loslassen und ich habe losgelassen. Ich ging an den tiefsten Ort, in die dunkelste Kammer, ähnlich einem Mutterschoß. Die war ein Schoß der geistigen Schöpfung. Als ich mein Bewusstsein in diese weiche Stille sinken ließ, erlaubte mir mein Geist sich durch die Kraft seiner inneren Weisheit selbst zu heilen ... Während ich schlief, sanken alle Mauern in sich zusammen, und die heilenden Wasser des Lebens wuschen mich rein, bis ich mich wieder erinnerte, dass ich ganz war.«[98]

Was hier beschrieben wird, ist die Lektion der Selbstakzeptanz. Ein Suizid ist keinesfalls eine Fahrkarte in eine bessere Welt. Die unerledigten Dinge bleiben bestehen und werden mittels der Lebensrückschau und einer spirituellen Therapie aufgearbeitet. Das amerikanische Medium John Edward schreibt:

»Bei mir haben sich Wesen gemeldet, die ihrem eigenen Leben ein Ende gemacht haben, und in manchen Fällen haben sie mir den Eindruck vermittelt, dass sie sich einer Art spiritueller Therapie unterziehen. Auch wenn es ihnen gut geht – sie befinden sich keineswegs in einer Art Vorhölle, wie manche Menschen glauben – , versuchen sie zu begreifen, warum sie so etwas getan haben. Sie nutzen es, um ihre spirituellen Lektionen zu lernen.«[99]

Niemals sollten wir den Stab über Menschen brechen, die sich das Leben genommen haben. Sie spüren das Leid der Angehörigen und viele versuchen, durch Nachtodkontakte um Vergebung zu bitten. Wir können für diese Menschen beten, da jedes offen gesprochene Gebet ein Lichtstrahl ist. Allerdings sollte das nicht von einer unterschwelligen Furcht getragen sein, in dem Glauben, sie von hier aus erlösen zu können. Nur Liebe und Mitgefühl sind nötig, um den Verstorbenen zu erreichen.

Vergessen wir nie, dass Liebe, die wir gemeinsam auf der Erde mit anderen gelebt haben, auf ewig fortbesteht. Liebe stirbt niemals. Das Leben vieler Menschen, die sich das Leben genommen haben, war häufig von Emotionen beherrscht, die weder zum Ausdruck gebracht, noch verarbeitet wurden. Es verstellt den Weg zu Frieden und Harmonie, wenn derartige Signale oder Impulse falsch verstanden werden.

Unsere Gefühle zeigen uns, wo wir in Beziehung mit unserem höheren Selbst oder der Seele stehen. Emotionen sind Werkzeuge, die persönliche Wahrheit zu erkennen, zu wählen und zu leben. Wut und Angst zeigen auf, dass es Erwartungen, Verhaltensweisen oder Entscheidungen in unserem Leben gibt, die von unserer wahren, spirituellen und liebevollen Natur ablenken.

Der Lebensrückblick bringt emotionale Befreiung von den Entscheidungen, die wir in dieser Inkarnation getroffen haben. Wir spüren noch einmal alle Gefühle unseres Lebens und ihre Auswirkungen auf unsere Entscheidungen. Aus diesem Prozess erwächst bleibender Frieden und Befreiung, Freiheit, sich so anzunehmen, wie man wirklich ist.

Wir werden gereinigt und erneuert, und das bringt uns zurück ins Licht. Wir erkennen uns als ewige Geistwesen und erwachen in die Liebe. Die Phase der Erinnerung beruht auf der Erkenntnis, dass wir alle ein Geist und ein nimmer endendes Bewusstsein sind. Wir kommen alle aus der gleichen Quelle.

Suizidanten gehen oft mit großen Schuldgefühlen in die geistige Welt. Deswegen lehnen manche zunächst den Lebensrückblick ab, da sie fürchten, verurteilt oder bestraft zu werden. Einzig der freie Wille eines Wesens entscheidet darüber, ob und wann wir uns der Lebensrückschau stellen. Manche erleben nur eine auszugsweise Rückschau. Steffany Barton:

»Ich wollte eigentlich nicht hinsehen. Ich hatte nie gerne Fotos oder Videos von mir angeschaut, als ich noch auf der Erde lebte. Warum sollte ich mir mein Leben und meinen Tod ansehen? Doch ich sah genug, um zu begreifen, dass ich nun zu Hause war, dass meine Entscheidung für den Suizid nicht verurteilt wurde, und das hat mir gereicht. Ich war fertig mit allem.«[100]

Aufschlussreich in diesem Zusammenhang ist, dass auch in den Nahtoderfahrungen nach einem Suizidversuch davon gesprochen wird, dass die Erlebenden nur Ausschnitte aus ihrem Lebensfilm zu Gesicht bekamen. Sie umschreiben das wie eine spirituelle Therapie, die ihnen aufzeigt, warum sie sterben wollten. Das ist stets begleitet von mitfühlendem Verständnis für unsere Ängste, Sorgen und Nöte. Nach einem Suizid heilt die Liebe unsere verwundete Seele.

Das Licht hilft uns dabei, uns selbst und unseren Tod besser zu verstehen, damit wir uns geistig weiterentwickeln können. Dieses Wissen vermag Angehörigen Trost und Zuversicht zu vermitteln, da einzig die Liebe Diesseits und Jenseits miteinander verbindet. Wenn Angehörige ihr höheres Selbst in sich erkunden, entdecken sie den Ort in ihrem Inneren, wo sie immer mit den Verstorbenen verbunden sind. Das Licht ist in jedem von uns. Lassen wir dieses Licht leuchten!

Für Hinterbliebene ist es wichtig zu verstehen, dass ein geglückter Suizid durch nichts zu verhindern gewesen wäre. Dahinter steht die Entschlossenheit des Betreffenden, nicht länger leben zu wollen. Die innere Dynamik, die sich entfaltet, und der Grad der Entschlossenheit zeigen auf der spirituellen Ebene, dass sich die Seele darauf eingestellt hat den Körper zu verlassen. Wenn sich eine Seele entschlossen hat zu sterben, wird sie einen Weg finden. Beim Suizidversuch, wo die Betroffenen in ihrem Körper wieder zu sich kommen, ist die Zeit zu gehen noch nicht gekommen.

Ein junger Mann übermittelte in einer medialen Sitzung:

»Nichts hätte mich aufhalten können. Es war einfach Zeit für mich. Ich musste mich von all dem befreien. Ich kann dir versichern, dass es nicht wehgetan hat. Ich habe nicht gelitten. Die Klarheit und Konzentration haben anscheinend Schmerzen und Angst von mir genommen. Ich habe einfach nur nach oben geschaut und bin weitergegangen.«[101]

Die absolute Entschlossenheit ist wie ein Schutzschild gegen Schmerz und Angst. Die Klarheit, die erreicht wurde, verleiht den nötigen Mut. Medien berichten, dass Menschen, die sich das Leben genommen haben, am Ende Frieden empfinden und Schwerelosigkeit, wenn sich die Seele vom Körper löst. Die meisten Suizidanten sehnen sich nach einem besseren Leben, anders als das, was sie bisher hatten. Wenn Leid oder psychische Qual durch viele Jahre zu einem inneren Stillstand führen, bildet sich vor diesem letzten Schritt eine enorme innere Anspannung.

Es geht darum, sich durch den inneren Impuls, sich von einem Moment zum anderen aus einer festgefahrenen Situation zu lösen, aus Leid und Schmerz zu befreien. Extreme Gefühlslagen und Leidenschaften sind hier am Werk, verbunden mit dem Wunsch nach Freiheit. Eine Frau übermittelte ihrer Tochter:

»Es gab für mich kein Bedauern, keinen Schmerz, kein Zurück. Ich konnte nur noch nach vorn blicken, und dort sah ich das strahlendste Licht. Alles, was ich sehen konnte, war Licht, und ich fühlte mich so leicht, so voller Frieden. Doch ich bin nicht mein Körper, ich habe ihn nur eine Zeit lang benutzt. Wir alle sind in Wahrheit Geist ... Mein Geist war größer als mein Körper. Mein Geist hat den Körper verlassen, ohne zu leiden, damit ich nach Hause gehen kann.«[102]

Keiner richtet über uns oder wird bestraft:
»Niemand hat mir Vorwürfe gemacht. Ich musste auch nicht die ganzen Schwierigkeiten, die ich im Leben gehabt hatte, wieder durchkauen. Seit ich hier bin, habe ich nichts anderes erfahren als völlige Akzeptanz, Unterstützung und allgegenwärtige Liebe.«[103]
Angehörige werden durch einen Suizid schwer getroffen. Sie brauchen Mitgefühl und Verständnis. Deswegen bitten Verstorbene, die sich das Leben genommen haben, häufig um Vergebung. Ein Suizid kann in einer Familie alle Beteiligten an ihre Grenzen bringen. Wir können unseren seelischen Frieden nur durch Verzeihen-Können wiederfinden. Es bleibt uns nichts anderes übrig, als den Suizid eines Nahestehenden zu akzeptieren. In der geistigen Welt vermag die bedingungslose Liebe, mehr an Verständnis, Vergebung und Gerechtigkeit zu geben, als wir uns das als Menschen vorstellen können. So mancher Angehörige sucht in seiner Not ein Medium auf. Heilung ist abhängig vom Verstehen und Loslassen-Können, von Akzeptanz und Erkenntnis, seitens der Verstorbenen wie der Lebenden. Das sehr bekannte Medium Paul Meek resümiert diesen Lernprozess:
»Es wäre unmöglich, hier die zahllosen Fälle wiederzugeben, wo ich während der Sittings immer wieder die gleichen Schilderungen hörte. Töchter, Mütter, Söhne und Ehepartner, die Suizid begangen hatten, meldeten sich und schilderten ihren Weg aus der Dunkelheit, aus der sie mit Hilfe von Angehörigen herausgefunden hatten und nun glücklich waren über die erreichten Fortschritte im Verein mit ihren Lieben in der geistigen Welt.«[104]

5. KAPITEL

Die höhere Wirklichkeit

Die geistige Welt

In der geistigen Welt wirken verschiedene Frequenzstufen: die astrale Welt, die kausale und die geistige Einheit mit Gott. Es handelt sich um notwendige Bereiche, in denen die Seele unterschiedliche Erfahrungen machen kann, um sie letztlich zu meistern. Es geht darum, die Gesetzmäßigkeiten der verschiedenen Ebenen kennenzulernen, mit ihnen zu arbeiten und sich schöpferisch zum Ausdruck zu bringen.

Die astrale Welt ist mit der Erde vergleichbar, sozusagen ihr feinstoffliches Pendent. Hier gibt es noch das Gefühl des Getrenntseins, wenn durch erdwärts gerichtetes Denken das Ego noch nicht aufgelöst wurde. Es gibt noch Angst vor dem Tod und Polarität.

Auf der kausalen Ebene finden sich die Wesen, die auf der Erde ihre Herausforderungen gemeistert haben. Jede Seele geht einen anderen Weg in dieser Welt, bleibt eine Individualität. Hier findet sich die Welt unendlich schöner Farben, sich bewegender Formen aus Prismen des Lichts und der Seelenverschmelzung. Hier existiert keine Angst mehr vor dem Tod. Die Wahrnehmung auf der kausalen Ebene ist subjektiv und individuell. Die innere Wahrhaftigkeit oder die reine Absicht sind die Qualitäten, an denen hier gearbeitet wird.

In der Liebe Gottes zu sein und daraus zu erschaffen, um andere damit zu erfreuen, also zu dienen, ist der zentrale Inhalt. Es gibt keine Lüge oder Misstrauen. Die Bewohner wirken auch auf der astralen Ebene und helfen bei ihrer Weiterentwicklung. Es existiert auch eine tiefe Verbundenheit mit lebenden Menschen. Die unterschiedlichen Stufen der jenseitigen Welt sollten nicht hierarchisch betrachtet werden, sondern sind Entwicklungsfelder. Im Jenseits gibt es kein Richtig oder Falsch mehr. Die Anpassung und Neuorientierung an die Jenseitswelt sind überaus wichtige Schritte, die jeder durchlaufen muss. Es ist ein Prozess der Wiedererinnerung und der Bereinigung unerledigter Dinge. Von Anfang an werden wir begleitet und unterstützt von geistigen Helfern. Sie stehen uns durch Gespräche, Visualisierungen oder spirituelle Weisungen zur Seite. Wenn ein Verstorbener seine Gedankenenergie auf ein anderes Wesen richtet, erhalten wir direkt die gewünschte Information. Gedanken erzeugen Wirklichkeit. Durch Gedankenkraft passen wir uns der irdischen Frequenz, den Schwingungen höherer Dimensionen, anderen Universen oder Planeten an – wo immer wir sein wollen. Gedanken verändern die Energie.

Aufgaben

Als Geistwesen haben wir bestimmte Aufgaben zu erfüllen. Wir können Geistführer werden, andere sind Lehrer oder Heiler oder unterstützen Menschen auf der Erde. Elisabeth Kübler-Ross berichtet, dass die geistige Welt schon kurz nach ihrem Übergang eine neue Aufgabe für sie bereithielt:

»Ich wurde dafür von einem großen und mächtigen Wesen eingeweiht. Eine Aufgabe von mir lag darin, dass ich Wesen, die wie ich gerade aus der irdischen Realität erwacht sind, begleite und ihnen in ihrem Erwachen beistehe. Die Wesen, die ich dann zu betreuen hatte, waren noch sehr von der Angst eingenommen, dadurch verzögerte sich ihr Erwachungsprozess erheblich.«[105]

Nach seinem Übergang lernte Erik, wie in der geistigen Welt kommuniziert wird, er lernte alles über Manifestation, die Natur der Zeit und der Energie, wie er durch die Dimensionen reisen kann und erkennt, dass es im Himmel keine Geheimnisse geben kann. Das alles gehört zu seiner Ausbildung als Geistführer und so ist er zu einem Energiefilter geworden. Er kann seine Energie filtern, um entweder mehr oder weniger Informationen einzusaugen. Da Emotionen eine Energieform sind, verhält es sich mit ihnen genauso. Indem der Energiestrom kontrolliert wird, bestimmt das darüber, wie weit jemand vom Ganzen getrennt ist oder wie verbunden er damit ist. Wenn er weniger autonom sein will, kann er sich mit allem anderen Sein allgegenwärtig verschmelzen, ein absolut intensives Erleben, das ihn kurz nach seinem Übergang total überforderte, da es einfach zu viele Informationen auf einmal waren. Dann wiederum möchte Erik unabhängig sein, um sich auf bestimmte Dinge zu fokussieren. Diese Wahl hat jedes Geistwesen. Erik arbeitet auch gerne mit anderen Spirits in Gruppen zusammen, die ähnliche Interessen haben. Daraus entsteht sofort eine energetisch-telepathische Verbindung. Es gibt unendlich viele Dimensionen im Himmel, zu denen auch die Erde gehört. Alles ist spiralförmig miteinander verbunden. Deswegen sind wir schon jetzt ein Teil der Ewigkeit.

Geistführer sein

Am häufigsten hilft Erik Menschen auf der Erde, die durch den Tod eines Angehörigen leiden. Viele sind verzweifelt und fühlen sich einsam. Wenn sie um Hilfe bitten, erreichen ihn diese Gedanken. Seine Spezialität ist es, die Betroffenen über das Internet zu seinem Blog zu leiten, indem er energetisch Informationsimpulse sendet. Ein Geistführer hat unterschiedliche Aufgaben:

- Geistführer unterstützen Menschen, die sich weiterentwickeln wollen, wenn sie in einem Hamsterrad feststecken. Sie versuchen den Betroffenen zu helfen, ihre spirituelle Stärke zu entdecken. Das ist manchmal sehr schwer, da viele nicht bereit sind sich zu verändern.
- Geistführer können Menschen beeinflussen, können sie aber niemals kontrollieren. Jeder muss seine eigene Lösung für sich selbst finden.
- Geistführer helfen oft vielen Menschen gleichzeitig. Dafür müssen sie ihre Energie aufsplittern, was in der geistigen Welt ein natürlicher Vorgang ist. Darunter ist kein Aufteilen in Stücke zu verstehen, sondern man könnte dies als ein auf den Einzelfall bezogenes Multitasking verstehen. Das funktioniert wie ein Prisma: Das Sonnenlicht ist die Energie, die Seele, durch das unterschiedliche Regenbogenfarben reflektiert werden.
- Eine weitere Aufgabe ist, neu angekommene Seelen dabei zu unterstützen, mit ihren Familien und Freunden auf der Erde zu kommunizieren. Den gerade Verstorbenen wird vermittelt, wie sie Zeichen ihrer Anwesenheit setzen können, wie sie in Träumen erscheinen können oder in welcher Form auch immer.

- Viele leisten Unterstützung beim Übergang von der Erde in die geistigen Dimensionen.
- Sie bieten Unterstützung dabei, sich selbst zu heilen.
- Erik hilft Menschen mit psychischen Erkrankungen, die sich das Leben nehmen wollen. Wenn alles ausprobiert worden ist – Therapie oder Medikamente – und wenn sie dann immer noch leiden, unterstützt er sie in ihrem Entschluss, vorausgesetzt, es ist ihre Zeit zu gehen.
- Unterstützung bei Verlusten jeder Art: von Menschen, vom Selbstwertgefühl, von Arbeit, etc. Geistführer richten die Menschen physisch und emotional wieder auf.
- Beziehungen zu den Lebenden sind tiefer und näher als vorher, da Geistwesen nicht urteilen und kein Ego mehr haben.

Alles Leid, das auf Erden erfahren wird, dient einzig dem Wachstum. Nur die Fähigkeit zur Liebe verbindet gefühlsmäßig mit allem anderen Sein. Wir sind Energiewesen, und Gefühle sind die Energie, aus der wir gemacht sind – die Energie der Liebe. Deswegen fordert die geistige Welt immer und immer wieder, die Liebe im Leben an die erste Stelle zu setzen. Dann spüren wir das Verbundensein mit allem anderen Sein und finden uns selbst. Liebe verleiht den Dingen Wertschätzung, was stets Dankbarkeit nach sich zieht. Wir alle tragen die gleiche kollektive Lebensenergie in uns.

Die höhere Wirklichkeit

Es ist für einen Menschen sehr schwer, die höheren Dimensionen der Lichtwelt zu verstehen bzw. zu beschreiben. Es ist die Welt des reinen Geistes und der reinen Gedanken, in denen die Seele Materie und Form hinter sich gelassen hat. Das Medium Gordon Smith berichtet von einer außerkörperlichen Erfahrung mit seinem verstorbenen Cousin, wodurch ihm Einblicke in diese Welt ermöglicht wurden:

»Steven nahm mich mit auf eine Reise durch eine Dimension spiritueller Schönheit, die ich mit Worten nicht beschreiben kann. Ich weiß nur, dass ich mich in einem Zustand der Gnade befunden habe. Von diesem Moment an konnte ich Leben, Liebe und Schönheit auf eine Weise verstehen, die ich vorher nie gekannt hatte. Das Gefühl, das ich in diesem Zustand empfand, war total elektrisierend, und ich werde es nie vergessen, solange ich lebe.«[106]

Gott wird in den Nachtodkommunikationen weder als männlich noch als weiblich beschrieben. ER ist ein allumfassendes Energie- und Bewusstseinsfeld der Liebe. Erik berichtete seiner Mutter:

»Wenn du dich mit der Quelle der reinen Energie verbindest, dann kommuniziert sie mit dir in einer Weise, die du verstehst. Sie kann sich verändern und in alles verwandeln, was nötig ist, um dich in einen sicheren Raum zu befördern, sodass du in Frieden mit ihr sein kannst … Erinnern wir uns, dass die reine Energie oder Gott nicht urteilt oder wertet. Gott wird sich an die Stufe anpassen, auf der du stehst, aber die Informationen nicht verringern.«[107]

Der Glaube an Gott oder Gottheiten gehört zu den Grundlagen fast aller Religionen. Dennoch sollten wir vorsichtig mit dem Begriff Gott umgehen, da unterschiedliche religiöse Vorstellungen damit verbunden sind. Der Begriff Gott steht für die eine Urkraft hinter allem Sein, oder die Quelle, oder für eine Vorstellung einer höheren Macht. Uns Menschen steht der Verstand im Wege, wenn wir uns Gott vorstellen. In den Nachtodkommunikationen wie auch in den Nahtoderfahrungen wird ER als helles, weißes, silbernes Licht umschrieben. Billy Fingers schreibt:
»Die göttliche Präsenz scheint sich zu konzentriertem reinem Licht geballt zu haben. Während ich mich darauf zubewege, ruft es mich – es ruft aber nicht den, der ich auf Erden war. Es nennt mich beim Namen meiner Seele, der Seele, die schon war, bevor ich die Höheren Welten verlassen hatte, um mich auf die Erde zu begeben.«[108]
Der Prozess der Weiterentwicklung in der geistigen Welt ist ein ständiges Wiedererinnern an das, was wir schon immer waren: eine ewige Geistidentität, die nie von Gott getrennt ist. Je näher wir der Gegenwart Gottes kommen, desto stärker werden wir von diesem Bewusstseinsfeld angezogen und durchdrungen, wie auch von seiner Liebe. Liebe ist eine Form von Energie, auf die sich alles Bewusstsein hin entwickelt. Gott ist die oberste Energiequelle aller Lebewesen, wie auch das kollektive Bewusstsein des göttlichen Funkens in jedem von uns ist.
Bei einem reinen Geist erfolgt alle Kommunikation ausschließlich über das Herz, dem Herzbewusstsein der Liebe. Wir beginnen, als erstes zu fühlen und dann zu denken.

Während des Erdenlebens verhalten wir uns genau umgekehrt: Wir denken etwas, und dann stellt sich ein Gefühl ein. In den höheren Ebenen der geistigen Welt sind wir Liebe, und somit übernimmt die Liebe die Führung, nicht der Verstand. Das ist ein äußerst wichtiger Bewusstseinssprung in die Allgegenwärtigkeit der Einheit, der Bewusstwerdung, dass Liebe die einzige Wirklichkeit ist. Erik schreibt:

»Der Wechsel in das Herzbewusstsein war mir dabei behilflich, ganz und heil zu werden, da mein Herz die Führung übernahm. Alle negativen Gedanken wurden dadurch ausgelöscht. Wenn ich dem herzzentrierten Bewusstsein ein Gefühl zuordnen müsste, würde ich sagen, ist es wie ein langersehnter Schlaf, nach dem man lange physisch, emotional und seelisch erschöpft war. Das ist ein tiefer, heilender, entspannender Schlaf.«[109]

Das Ego verhindert die Bewusstwerdung des göttlichen Funkens der Liebe, die uns ruft. Wir verlieren uns in Gedankenkarussellen aller Art, wodurch wir aus der Liebe fallen, da das Herzbewusstsein nicht über den Verstand erfasst werden kann, sondern es kann nur erfühlt werden. Gregory übermittelte mir in einer Botschaft vom 05.09.2016:

»Feel me – Fühle mich, ist das neue Mantra der Stunde, welches das Tor zum Himmel öffnet, nicht das Denken. Im Fühlen liegt die wahre, unmittelbare Erkenntnis, die direkte Anbindung an SEINE Präsenz, an die Liebe, die euch dann augenblicklich erfüllt, in der Stille des Augenblicks, im Jetzt des Zeitlosen. Die Saat geht auf durch die Liebe und Wärme, die euch im tiefsten Inneren erfasst und euch erblühen lässt. Das ist der ursprüngliche Bewusstseinszustand, so wie ihr erschaffen wurdet:

Friedlich, liebend und ohne Angst. Je häufiger ihr euch bewusst dem höheren Selbst öffnet, wird sich das Bewusstsein immer weiter ausdehnen, bis ihr in die Einheit des allgegenwärtigen Gottes eintaucht und verschmelzt in den Schmelztiegel des Ewigen, unabhängig davon, ob ihr in einem Körper lebt oder ein körperloses, geistiges Wesen seid.«

Aus dem Fühlen heraus entsteht Bewusstsein. Bewusstsein ist Energie, Schwingung, die sich aus der Liebe speist, dem schöpferischen Ursprung allen Lebens. Fühlen geht aller Schöpfung voraus, aller Sprache, aller Verständigungsmöglichkeiten. Fühlen ist die Grundenergie, die über alle körperlichen Sinne hinausgeht, als energetische Übertragung von Informationen jeder Art, von allem Wissen. Fühlen ist mehr als Sehen. In einer anderen Botschaft vermittelt Gregory:

»Durch das Fühlen sind wir mit allen Informationen verbunden, da jedes geistige Wesen einen eigenen spezifischen Energiekörper hat, in dem, wie beim Lesen eines Buches, alle Informationen enthalten sind. Dieser Energiekörper ist das eigentliche Wesen, das Herzbewusstsein, durch das allein Informationen frei fließen können. Diesem Gefühlsprinzip unterliegen auch alle Kontakte, welche Verstorbene zu ihren lebendigen Angehörigen auf der Erde aufnehmen.

Je mehr jemand sein Herz öffnen kann, umso mehr verstärkt sich das Erleben eines erweiterten Bewusstseinszustandes, indem die Verschmelzung mit einem Geistwesen, einem Engel, einem Geistführer oder seinem höheren Selbst möglich wird. Es sind stets eure Gefühle, die sich in euren Gedanken manifestieren, die euch in Resonanzschwingung mit der geistigen Welt bringen. Je mehr

Liebe jemand ausstrahlt, desto eher findet er den Weg in seine Innenwelt, da Liebe der Urgrund des Herzbewusstseins ist – die freieste und offenste Grundenergie der Anbindung an den geistigen Kern des höheren Selbst. Dann wird die Präsenz des Heiligen wahrgenommen, des göttlichen Liebesfunkens, der nun entfacht wird.«

Ähnliche Erfahrungen werden auch in den Nahtoderlebnissen berichtet. Es ist jedoch für die Betroffenen außerordentlich schwierig, diese gefühlsmäßigen Wahrnehmungen zu beschreiben, da menschliche Worte diesen ganz anderen Seinszustand nicht auszudrücken vermögen. Die göttliche Liebe ist eine nicht zu überbietende Lebensenergie von außerordentlicher Kraft und Herrlichkeit, die sich jeglicher Definition entzieht. Alexander schreibt über seine Begegnung mit einem Lichtwesen:

»Es war ein Blick, der irgendwie über alles hinausging, über all die verschiedenen Arten von Liebe, die wir hier auf der Erde kennen. Es war etwas Höheres, das all die anderen Arten von Liebe in sich trug und gleichzeitig echter und reiner war als sie alle zusammen.«[110]

Während einer Nahtoderfahrung werden Gefühle lebendig, die in dieser Intensität vorher nicht bekannt waren. Das Gefühl von Frieden und Geborgenheit, universaler Erkenntnis, die Nähe zu Gott, wie auch die unbedingte Liebe. Die Erlebenden fühlen sich frei von allem, was sie vorher belastet hat. So heißt es dazu in einem Bericht:

»Ich fühlte mich unendlich glücklich, wie noch nie in meinem Leben. Selbst die glücklichsten Augenblicke im realen Leben sind mit diesem Zustand nicht zu vergleichen.«[111]

In der Welt des reinen Lichtes sind alles Leid und alle Negativität und auch das Ego aufgelöst durch das kosmische Verbundensein mit allen anderen Wesen. James van Praagh drückt das so aus:

»In dieser himmlischen Atmosphäre bedarf es keiner Übertragung von Gedanken oder Gefühlen, denn die Geistwesen des höheren Lichts verfügen über allumfassende Erkenntnis. In der Welt des Geistes ist es nicht möglich, die eigenen Gedanken oder Emotionen für sich zu behalten, so wie das auf der Erde funktioniert. Was auch immer ein Geistwesen denkt, formiert sich zu einem nach außen hin strahlenden und für alle sichtbaren charakteristischen Lichtschein. Wer sich in dieser Bewusstseinsebene aufhält, der ist weit mehr als die Summe der von ihm früher verkörperten Persönlichkeit. Er ist ein vollkommenes, ganzheitliches Geistwesen, das all seine irdischen Erfahrungen und Charakterzüge in eine Einheit mit Gott gebracht hat.«[112]

Im Moment des Jetzt angekommen erkundet die Seele neue Dimensionen, die ihr bisher verborgen waren. Sie erblickt Landschaften, Farben, Schattierungen, die es auf der Erde nicht gibt. Alles ist lebendig und Ausdruck des EINEN Lichtes, das alles erhält. Eine Frau hatte während einer Nahtoderfahrung Einblicke in diese höheren Sphären:

»Endlos weite Gärten, Landschaften, bis zum Horizont, mit Flüssen, Teichen, Quellen, Blumen, Bäumen, Hügeln, Wiesen, Tälern und so weiter. Es war atemberaubend schön. Doch das Unglaublichste an diesem Ort war die Farbe. Alle Farben waren so unbeschreiblich hell und lebensprall, fast als schimmerten und leuchteten sie, als wären sie auf eine merkwürdige Weise lebendig.«[113]

Wir verschmelzen mit der Umgebung, da alles der gleichen Quelle und Energie entstammt. Das ist das pulsierende Leben an sich. Die Wahrnehmung erweitert sich ins Unendliche – unterschiedliche Landschaften wie schneebedeckte Felder, Wüsten, Küsten, Berge, Meere – alles gleichzeitig. Farben bewegen sich, leben und atmen. Natürlich wird der Himmel auch von Tieren aller Arten bevölkert. Erik berichtet:

»Da waren auch Tiere – Waldtiere wie Hirsche, Vögel und Eichhörnchen. Auch gab es Tiere, die ich noch nie auf der Erde gesehen habe. Sie alle sind einfach Lebenskräfte, die einzigartig im Himmel sind.«[114]

Alles ist in einem harmonischen Einklang, in Leichtigkeit, Fülle und unbeschreiblicher Schönheit. Alles existiert in seiner reinsten Form. Zwischen den Wesen und Dingen gibt es keine Trennung mehr, da alles Ausdruck des göttlichen Suprabewusstseins ist. Van Praagh schreibt:

»Dies ist eine Welt der Herrlichkeit voll unermesslicher Schönheit und fantastischer Landschaften. Geistwesen fühlen mit jedem Grashalm, jedem Blatt, jeder Blüte und haben Anteil an deren Leben – eine himmlische Symphonie von perfekter Harmonie! Und die Musik ist nicht nur über das Gehör, sondern mit jedem Teil des Seins erfahrbar. Von allem geht ein leuchtendes Strahlen aus, und überall herrscht erfreuliche Ordnung und Einigkeit.«[115]

Wir sprechen hier von Bewusstseinszuständen, die in ihrer Unbegrenztheit ein Gewahrsein von allem, was ist, hervorrufen. Wir erkennen unseren Status als multidimensionales Wesen und fühlen die Einheit mit allem anderen Sein. Die gemeinsame Empfindung aller Wesen ist Glückseligkeit, da alles Leid überwunden ist. Die höheren Sphären sind bis zu ihrer elementarsten Form verfei-

nert, da Materie und Form aufgelöst sind. Die kleinste Veränderung in der Gefühlswelt eines Wesens wirkt sich auf alle anderen aus.
Die Welt des reinen Lichtes wird auch als Kausalwelt bezeichnet, als Welt der Ursachen, da hier alles aus dem Stoff gewoben ist, aus dem auch der menschliche Gedanke besteht. Die Welt des reinen Geistes ist von lebenden Gedanken erfüllt, also von den geistigen Wesen, die hier beheimatet sind. Seelen in der Kausalwelt nehmen sich gegenseitig als individualisierte Funken des glückseligen Geistes wahr. Gedanken sind hier zu einer realen Form geworden. Der große Eingeweihte Erhard Bäzner schreibt:
»In der Himmelswelt erscheint jeder Gedanke als eine reale Form, die in ihrem Aussehen dem Charakter des Verstorbenen entspricht. Er selbst nimmt seine Gedanken als lebendige Wesenheit wahr und ist darum von einer Welt seiner eigenen Gedankenformen umgeben. Während die konkreten Gedanken üppige Formengebilde darstellen, äußern sich die abstrakten in wundervollen Ornamenten und geometrischen Figuren. Eine unvergleichliche Fülle von Formen, Farben und Klängen umwogt den Verstorbenen. Gleich einem Panorama ziehen die Gedankengebilde immer wechselnd an ihm vorüber.«[116]
Wir sind nun nicht länger an Glaubenssysteme oder Erwartungen gebunden, sondern in die eigene ewige Geistessenz erwacht.

6. KAPITEL

Meditationen

Wie ich Kontakt zu meiner Innenwelt finde

Jeder Mensch verfügt über das Bauchgefühl der Intuition, über das die Seele Impulse an uns aussendet. Das wird von vielen Menschen als innere Stimme wahrgenommen. Zahlreiche Kontakte mit Verstorbenen ereignen sich über den intuitiven Bereich des Menschen. Verstorbene versuchen sich kundzutun über die Seele, die beständig im Kontakt mit der geistigen Welt steht und welche die Zeichen der Verstorbenen an die Hinterbliebenen übermittelt.

Andererseits sind sich viele Menschen weder ihrer geistigen Bestimmung noch der jedem zur Verfügung stehenden seelischen Werkzeuge bewusst. Der Mensch kann seine Mitte, seine Balance, nur in den Seeleninnenräumen finden.

Wir alle tragen in unserem Inneren die Verbindung zur geistigen Welt durch den göttlichen Funken in uns. In den Seeleninnenräumen findet sich alles Wissen, das wir für unser Leben brauchen. Um diese inneren Welten zu erkunden, kann eine einfach durchzuführende Meditation sehr hilfreich sein.

Wir können dann die Erfahrung machen, Teil eines größeren Ganzen zu sein und dass es eine Trennung zwischen dieser und der anderen gar nicht gibt. Diese Meditationen, die Sie im Folgenden lesen werden, mögen Ihnen als Anregung dienen und durch die Verschärfung Ihrer inneren Wahrnehmung die Gewissheit vermitteln, dass die Verstorbenen weiter existieren.

Einfache Grundmeditation

Setzen Sie sich in einen bequemen Sessel. Sorgen Sie dafür, dass Sie ungestört sind. Schließen Sie die Augen und atmen Sie tief ein und aus.
Denken Sie an Ihre Schultern ... an Ihren Solarplexus ... an Ihre Knie ... beobachten Sie den Fluss der Energie in Ihrem Inneren. Atmen Sie dabei ruhig weiter ein und aus.
Denken Sie jetzt an Ihr Herz und stellen Sie sich vor, mit jedem Atemzug lichtvolle Energie einzuatmen. Beim Ausatmen verteilen Sie diese Energie in den gesamten Körper, Ihre Gedanken und Gefühle.
Folgen Sie mit Ihrer Aufmerksamkeit dem Ein- und Ausatmen und fühlen Sie, wie sich die Energie über die Grenzen Ihres Körpers in den Sie umgebenden Raum ausdehnt.
Atmen Sie immer weiter ruhig und tief ein und aus. Sagen Sie sich in Gedanken: Ich bin mehr als mein Körper. Ich bin ein unbegrenztes ewiges Bewusstsein. Ich bin bereit, meine Wahrnehmung zu erweitern. Atmen Sie abschließend langsam tief ein und aus und öffnen Sie dann Ihre Augen.
Das ist eine kleine Einstiegsmeditation, die selbstverständlich durch eigene Vorstellungen und Bilder ergänzt werden kann. Wenn Sie Ihre Seeleninnenräume erfor-

schen wollen, können Sie auch einen bestimmten Ort visualisieren, an dem die Begegnung mit einem bestimmten Verstorbenen oder Lichtwesen stattfinden kann. Der erste Schritt ist immer, zur Ruhe zu kommen und Gedankenfreiheit zu erreichen.

Meditation zur Selbstfindung

Atme tief ein und aus.
Richte deine Aufmerksamkeit
auf das Fließen des Atems.
Das bewusste Ein- und Ausatmen
bringt Körper und Geist in Harmonie.

Atme tief ein und aus.
Fühle die Wärme,
die dich durchströmt,
wenn sich die Herzfrequenz verändert.
Wenn du dazu bereit bist
stellt sich die Verbindung
zum göttlichen Funken deines höheren Selbst her.
Das ist der tiefste Kern deiner Innenwelt.

Atme tief ein und aus.
Um mit der inneren Stimme
in Kontakt zu treten,
stellst du eine beliebige Frage.
Achte bewusst auf alle Impulse.
Vernimmst du ein Wort, einen Satz
oder eine telepathische Botschaft?
Oder siehst du ein Bild?

Atme tief ein und aus.
Bedingungslose, selbstlose Liebe
durchströmt dich,
von innen nach außen.
Konzentriere dich darauf.
Du spürst Wärme und Liebe,
ein Körperteil wird warm.
Da ist eine vertraute Präsenz,
die dich an dein ewiges Sein erinnert.

Atme tief ein und aus.
Frieden und Gelassenheit
durchströmen dich,
ein Gefühl von zu Hause.
Vertraue auf dein höheres Selbst,
dessen Liebesschwingung dich durchdringt.
Seine Impulse begleiten dich
dein Leben lang und in alle Ewigkeit.

Atme tief ein und aus.
Die Anbindung an deinen innersten Kern,
die göttliche Quelle allen Seins,
ist das Vertrauen,
darin immer geborgen zu sein.
Hier erhältst du Antworten
auf alle Fragen.
Du weißt dann,
dass du bedingungslos geliebt wirst.

Atme tief ein und aus.
Wenn du jetzt in deinem Körper
wieder zu dir kommst,

bist du bewusst mit dieser Präsenz verbunden.
Atme tief ein und aus
und öffne langsam deine Augen.

Einstimmung auf den Kontakt mit einem Verstorbenen

Du kannst den Kontakt mit einem Verstorbenen nicht erzwingen. Es ist aber möglich, darum zu bitten oder ihn in deine Träume einzuladen. Jedes Gebet ist dabei hilfreich. Liebe bleibt die ewige Verbindung, und durch sie und die Gedanken an einen geliebten Verstorbenen bleibst du mit ihm verbunden – zu jeder Zeit und an jedem Ort.

Erkunde deine Seeleninnenräume, erspüre die innewohnende Verbindung mit der Ewigkeit, in der es keine Trennung gibt. All das ist der göttliche Lebensfunke in jedem Menschen. Erkenne als Erdenpersönlichkeit, dass deine Seele der Schnittpunkt zwischen dieser und der jenseitigen Welt ist.

Jeder Kontakt mit einem Verstorbenen ist ein zutiefst seelisches Erleben. Spüre und horche in Ruhe und Stille auf die Impulse deiner inneren Stimme der Intuition. Stelle eine einfache Frage an den Verstorbenen ohne jede Erwartung. Sei aufmerksam und geduldig. Sprich den Verstorbenen in Gedanken direkt an oder durch laut ausgesprochene Worte. Es mag eine Zeit dauern, bis du etwas in deinem Inneren spürst. Je mehr Vertrauen du aufbringst, umso wahrscheinlicher wirst du ein Zeichen bekommen.

Die Verstorbenen sind immer um uns, da es keine Trennung zwischen dieser und der jenseitigen Welt gibt. Wir sind so viel mehr als unser kleines Erden-Ich, welches sich durch den Verstand allzu schnell begrenzt und viel zu wichtig nimmt. Versuche, deinen Gedankenspiralen zu entkommen und spüre die Liebe in dir, die dich mit der anderen Welt verbindet und dich in ein erweitertes Bewusstsein trägt. Das ist der geistige Raum der Begegnung mit Verstorbenen. In dieser Raum- und Zeitlosigkeit wirst du erleben, dass niemand jemals alleine ist, da wir durch die Liebe Gottes immer getragen sind, ebenso wie die Verstorbenen. Dadurch kann nichts jemals verloren gehen.

Stimme dich ein auf die Anwesenheit, die Gegenwart eines geliebten Angehörigen. Entspanne dich und atme tief durch. Öffne dein Herz, lasse deine Gefühle fließen und lasse dich in den Augenblick fallen. Mache dich empfänglich für die subtilen Seelenimpulse. Du möchtest ein Zeichen und willst wissen, ob der Verstorbene um dich ist, wie es ihm geht und ob er weiterlebt.

Plötzlich spürst du tief in deinem Inneren, dass sich jemand mit dir im gleichen Raum befindet. Intuitiv weißt du, wer es ist. Du spürst die spezifische Ausstrahlung eines bestimmten Verstorbenen und kannst es erst nicht fassen. Vielleicht teilt sich die Anwesenheit auch durch ein Geruchsempfinden mit, ein Parfum oder ein Tabakgeruch, den du mit dem Verstorbenen in Verbindung bringst. Du fühlst eine unmittelbare Nähe und bist eingehüllt von Liebe, Wärme und Geborgenheit. Das ist der dir vertraute Impuls, der aus deiner Seele aufsteigt – von innen nach außen. Du vernimmst eine Stimme, die zu dir spricht, oder eine telepathische Gedankenübertragung.

In diesem Augenblick des Hier und Jetzt der Ewigkeit öffnet sich deine Seele für die feine Gegenwart des Verstorbenen und für einen zeitlosen Moment hebt sich der Schleier zwischen dieser und der anderen Welt auf. Der Verstorbene will dir mitteilen, dass es ihm gut geht, dass du dir keine Sorgen machen sollst um seinen Verbleib, dass er immer bei dir ist und dich zum gegebenen Zeitpunkt erwartet. Du ahnst, dass es keine Trennung gibt. Das Gegenwartsempfinden ist ein Geschenk, das dir gegeben wird, es geht von dem geliebten Verstorbenen aus. Das ist ein tiefer Ausdruck der Echtheit der Begegnung. Nimm dieses Geschenk an und vertraue deiner inneren Wahrnehmung, dann wirst du nie mehr alleine sein.

7. KAPITEL

Die Reise der Seele: Was wir erleben werden, wenn wir gestorben sind.

Die Aufhebung aller Begrenzungen

Wie auch immer der Tod in dein Leben treten mag, all das hat keinen Einfluss auf dein Erleben. Wenn der letzte Vorhang des irdischen Lebens gefallen ist, empfindest du das unbeschwerte Glück tiefen Friedens, da du in die Liebe erwachst. Das Leid und deine Ängste heben sich auf, und du bist frei von allen Schmerzen und Begrenzungen deines irdischen Körpers. Ein nie gekanntes Wohlbefinden durchströmt dich. Du findest Ruhe, Stille und Sicherheit und erkennst den Urquell echter Freude. Du findest wieder, was nie verloren war – es kam dir nur so vor, im Getöse und der Hektik der Welt. Du erinnerst dich an diesen gelösten Bewusstseinszustand und an diesen Ort, da du von hier auf die Erde gekommen bist. Noch bist du in Deinem Körper – aber nun schwebst du davon …

Die außerkörperliche Erfahrung

Dein Bewusstsein erweitert sich und du befindest dich außerhalb deines Körpers: die Stille und der tiefe Frieden weichen Sinneseindrücken von Geräuschen, von

Licht, Stimmen und Bildern. Du siehst deinen abgestreiften Körper. Du betrachtest ihn, aber er ist nicht mehr wichtig für dich.
Du bemerkst, dass du jegliche Position im Raum einnehmen und dich überall dort hinbewegen kannst, woran du gerade denkst. Aller Schmerz ist verschwunden und du fühlst dich lebendiger als je zuvor.
Du versuchst vielleicht, dich bei deinen Angehörigen bemerkbar zu machen, aber sie reagieren nicht. Du erkennst, dass du tot bist – du bist unhörbar und unsichtbar geworden für die anderen. Du bist gestorben und weißt nun, dass dies kein Traum ist. Du versuchst nach Gegenständen oder Personen zu greifen und greifst durch sie hindurch. Du erkundest deine Umgebung, nimmst Dinge und Situationen in anderen Räumen und Entfernungen wahr, aber niemand bemerkt dich.
Dein Bewusstsein erweitert sich und alles wird gleichzeitig erfahrbar, da Raum und Zeit aufgehoben sind. Du erlebst eine Kontinuität deines Ich-Bewusstseins. Du weißt plötzlich, dass du viel mehr bist als dein kleines Erden-Ich. Die ungekannte Freiheit und Weite des Erlebens erinnern dich daran, ein ewiges Wesen zu sein. Bilder steigen auf in dir. Du denkst an Menschen, an Orte, die du liebtest. Du brauchst dir nur etwas vorzustellen, und schon bist du in Gedankenschnelle in der Gegenwart einer geliebten Person oder an einem Ort, wo du dich wohlgefühlt hast.

Der Übergang durch den Tunnel

Dann bemerkst du einen Tunnel, der dich magisch anzieht. Du bist neugierig und willst in diesen Tunnel. Andere sehen eine Brücke, einen langen Flur oder eine Wiese – dies alles sind Symbole für den Übergang in die jenseitige Welt. Du spürst ein Ziehen, eine Anziehungskraft, Dunkelheit umgibt dich oder du empfindest Leere, aber es ängstigt dich nicht. Du bist in Bewegung und schwebst durch den Tunnel. Ein Gefühl von Nachhausekommen durchströmt dich und du spürst, dass du nicht länger alleine bist. Du fühlst die Anwesenheit anderer Wesen, was dich zunächst irritieren mag. Da! – Ein Licht schimmert auf am Ende des Tunnels. Das Licht wird heller, größer, strahlender und durchdringt dich. Du erreichst eine andere Dimension des Seins.

Die Wiedervereinigung

Du kennst dieses Land. Die Schleier deiner irdischen Illusionen von Trennung zerreißen. Das Licht durchdringt dich, und aus dem Nebel des Vergessens taucht eine Gestalt vor dir auf – ein Mensch, den du liebtest. Die Gegenwart des Verlorengeglaubten hüllt dich ein und du fühlst dich willkommen. Deine Sehnsucht nach der Nähe dieses bestimmten Menschen, von dem du so lange getrennt warst, erfüllt sich nun in der Wiedervereinigung. Ob es die Mutter oder ein Freund war – *Liebe* verbindet. Du weißt nun, dass nichts verloren geht. Du spürst eine Verbindung durch Gedankenübertragung, nicht über Erdensprache. Du wirst dir nun deiner Umge-

bung bewusst und erblickst nie gekannte Farben und Landschaften von atemberaubender Schönheit.
Eine einzigartige, lichtdurchflutete Welt enthüllt sich in Bildern, Tönen und einer unfassbaren Harmonie im Tanz der Sinne. Zusammenhänge offenbaren sich: Durch die Erweiterung deines Bewusstseins fühlst du dich als Teil eines Ganzen, etwas, das du in deinem Erdenleben völlig vergessen hast. Du erkennst deine ewige Heimat, die dir sehr vertraut ist. Ein tiefes, befreiendes Gefühl durchströmt dich. Du spürst die pulsierende Schwingung der Liebe durch Vertrauen und Hingabe.

Die Begegnung mit dem Lichtwesen

Deine Begleiter, die Landschaften, die Farben sind durchdrungen vom Licht einer Gegenwart: Lasse dich fallen in dieses helle, strahlende Licht, das nicht blendet. Das lebendige, pulsierende Licht ist grenzenlos und jenseits des irdischen Vorstellungsvermögens. Die Liebe, die dich nun umflutet, hast du in Erdentagen nie erfahren: unvorstellbare, bedingungslose Liebe. Alle Zweifel und Ängste heben sich auf. Liebe ist die Antwort auf alle Fragen. Du erkennst, wie dein Leben hätte sein können. Das Lichtwesen, ein Bote der Liebe Gottes, antwortet mit Liebe auf all deine Unzulänglichkeiten. Du verstehst auf einmal den Sinn deines Lebens: lieben zu lernen und an den Umständen zu wachsen.
Das Licht ist Ursprung und Ziel aller Sehnsüchte, auch der längst verloren geglaubten. Alle Selbstablenkungsmanöver, alle Urteile, die du fälltest, fallen ab von dir. Du erkennst dich selbst in der Quelle der Liebe. Du bist

im grenzenlosen Sein der Ewigkeit. Kein Gericht, kein Urteil, keine Strafe, sondern Erkennen und Verstehen. Nichts ist vergeblich. Der größere, geistige Sinnzusammenhang deiner ewigen Existenz enthüllt sich. Sobald eine Frage in deinen Gedanken auftaucht, bekommst du die Antwort. Alles Wissen ist dir zugänglich. Du fühlst dich geborgen, eingehüllt in Wärme und grenzenloses Verständnis. Du bist wie Glas. Jeder Gedanke, der dich jemals beschäftigte, taucht in dir auf.

Die Lebensrückschau

Wie einen Film siehst du nun dein gesamtes Leben an dir vorüberziehen. Kein Gedanke, keine Handlung fehlt. In der Verbindung mit dem Licht, deinem inneren, stillen Beobachter während deines Lebens, erkennst du den Gesamtzusammenhang.

Du siehst dein Leben und lebst es noch einmal. Alles, was du je gefühlt hast, fühlst du nun. Du erkennst, dass nichts verloren geht, weder Schmerz noch Freude. Gleichzeitig spürst du die Auswirkung deines Lebens auf andere und fühlst nun, was sie fühlten. Du schaust dir selbst ins Gesicht, so, wie dein Leben wirklich war. Du verstehst die Folgen deines Tuns, des guten wie des schlechten. Der einzige Maßstab im Licht dieser Selbsterkenntnis ist die Frage, ob du Liebe gegeben hast oder zurückgehalten hast.

LIEBE versteht, vergibt alles und in ihrer Gegenwart erkennst du die Fehler deines Lebens, die vielen Möglichkeiten zum Wachstum, die du nicht erkannt oder genutzt hast. Alles ist mit allem anderen Sein verwoben. Du

fühlst Reue und Beschämung angesichts dieser unfassbaren Liebe. Und dir ist bereits vergeben, du erkennst es vielleicht noch nicht.
Doch nun gehe ins Licht, verschmelze dich mit IHM, fliege zu den Sternen jenseits aller Begrenzungen. Das Licht wartet auf dich. Wage den Tanz in den Galaxien und auf den Planeten. Dürste nach immer neuem Wissen, nach allen Geheimnissen, die nie welche waren. Du bist ein Teil von IHM und ER ist in dir.

Die Verschmelzung mit dem Licht

Die höchste Erfahrung, die ein menschliches Wesen nach seinem Tod machen kann, ist die Vereinigung mit GOTT. Dann sind wir am Ziel unserer Lebensreise, wenn wir in das *Große Urlicht* eingehen, die Quelle und der Kern aller Schöpfung und allen Seins.
Wenn du die Bilder deines Lebens wirklich verstehen willst, dann tritt in Verbindung mit dem Licht und erfahre, was das Licht wirklich ist... Du bist nun im Licht und gehst hindurch. Alles Irdische fällt von dir ab, die Welt fliegt davon, du bist im Weltenraum des Universums. Dein Bewusstsein erweitert sich in rasender Geschwindigkeit. Sonnensysteme, die Geburt der Galaxien, das Auf und Ab der Weltenströme, das Ein- und Ausatmen Gottes, Sich-fallen-Lassen in Gott hinein, in das All, das Ewige. Leben und Ewigkeit spüren durch die Hingabe an die Liebe. Sich-fallen-Lassen, Loslassen, ohne Begrenzungen der Angst, ist bedingungsloses Vertrauen-Können.
Dann durchquerst du die Leere, das Alles-was-Ist, den Urgrund allen Seins. Von hier ging alle Schöpfung aus,

und nun erlebst du als Ich-Identität deine Verschmelzung mit Gott. Du bist dir aller Dinge bewusst, die jemals erschaffen worden sind. Du bist nicht nur von allem Wissen erfüllt, sondern durchströmt mit aller Liebe, Freude und Glückseligkeit. Du erlebst eine nie gekannte Freiheit in der Unendlichkeit.
Nun weißt du, dass du ein Teil des ewigen Lebens bist, ein Teil des ewigen Bewusstseins. Das ist das Ziel jedes Lebens. Von diesem Ort des Bewusstseins willst du niemals zurückkehren, weil sich hier all deine Sehnsucht erfüllt.
Wenn Du nun in deinem Körper wieder zu dir kommst, wirst du wissen, dass du immer geborgen und getragen bist. Der Tod ist nur ein Wechsel in eine andere Form des Seins.

Danksagung

Ein herzliches Dankeschön an meinen langjährigen nymphenburger Verlag und an meine neue Lektorin Monika Riedlinger für die sensible Betreuung des aktuellen Buchprojekts.

Besonders danke ich meinem langjährigen Mitarbeiter Christian Libik, der mir bei der Erstellung der Manuskripte behilflich ist und nun auch die Webseite betreut.

Mein Dank gilt allen Menschen, die mir ihre persönlichen Erfahrungen mitgeteilt haben.

Einen herzlichen Dank an meine Freundinnen Ruth Pohl, Silvia Reitbauer und Marie-Luise Nieberle, die mich immer wieder anregen durch ihre persönlichen Erfahrungen in der Sterbebegleitung. Danke für diesen wertvollen Gedankenaustausch.

Ich danke der geistigen Welt und vor allem Gregory, dessen beständige Präsenz mich in meinem Leben seit vielen Jahren begleitet und mich stets aufs Neue inspiriert.

Literatur

Atwater, P.M.H.; Ring, Kenneth: Rückkehr vom Licht. Die Auswirkungen von Nahtoderfahrungen auf Betroffene und Angehörige. Santiago, Goch 2011

Atwater, P.M.H.: Rückkehr vom Licht. Die Auswirkungen von Nahtoderfahrungen auf Betroffene und Angehörige. Santiago, Goch 2011

Alexander, Eben: Blick in die Ewigkeit. Die faszinierende Nahtoderfahrung eines Neurochirurgen. Heyne, München 2013

Bäzner, Erhard: Wo sind unsere Toten? Sehen wir sie wieder? Drei Eichen Verlag, Leipzig 1991

Barton, Steffany: Das Jenseits ist kein dunkler Ort. Der Weg der Seele nach dem Suizid. nymphenburger, München 2016

Bieneck, Andreas: Ich habe ins Jenseits geblickt. Nahtoderfahrungen Betroffener und Wege, sie zu verstehen. Neukirchener Aussaat, Neukirchen 2007

Bitterli-Fürst, Bruno: Tod und Leben. Mit Betrachtungen aus dem Jenseits von Elisabeth Kübler-Ross. Ravare, Ettenheim 2009

Brinkley, Dannion: Geborgen im Licht. Die wahre Geschichte des Mannes, der zweimal starb. Knaur, München 2010

Doore, Gary: Gibt es ein Leben nach dem Tod? Neue Antworten auf alte Fragen. Kösel, München 1994

Edward, John: Ein letztes Mal. Mediale Botschaften aus dem Jenseits. Arkana, München 2002

Greaves, Helen: Zeugnis des Lichts. Ein Erfahrungsbericht vom Leben nach dem Tod. Anthos-Verlag, Hemsbach 1982

Guggenheim, Bill und Judy: Trost aus dem Jenseits. Unerwartete Begegnungen mit Verstorbenen. Fischer, München 2007

Jakoby, Bernard: Begegnungen mit dem Jenseits. Zum Phänomen der Nachtod-Kontakte. Rowohlt, Reinbek bei Hamburg 2006

Jakoby, Bernard: Das Erwachen der Liebe. Überlebensbotschaften für das Überleben der Menschheit. nymphenburger, München 2012

Jakoby, Bernard: Gesetze des Jenseits. Botschaften von Gregory. nymphenburger, München 2011

Jakoby, Bernard: Keine Seele geht verloren. Hilfe und Hoffnung bei plötzlichen Todesfällen und Suizid. nymphenburger, München 2013

Jakoby, Bernard: Wir sterben nie. Was wir heute über das Jenseits wissen können. nymphenburger, München 2013

Jell, Lucy: Alex – Die Botschaft aus dem Jenseits. Eine wahre Geschichte. Edition Fischer, Frankfurt a.M. 2008

John, Thomas: Was Tote über das Leben wissen. Wahrhaftige und unglaubliche Botschaften aus dem Jenseits. Heyne, München 2016

Kachler, Roland: Meine Trauer wird dich finden, Ein neuer Ansatz der Trauerarbeit. Herder, Freiburg 2017

Kagan, Annie: Das zweite Leben des Billy Fingers. Wie mein Bruder mir aus dem Jenseits bewies, dass es nach dem Tod weitergeht. Heyne, München 2015

Long, Jeffrey; Perry, Paul: Beweise für ein Leben nach dem Tod. Die umfassende Dokumentation von Nahtoderfahrungen aus der ganzen Welt. Goldmann, München 2010

Manning, Matthew: Der Psychokinet. Unter dem Einfluss einer anderen Dimension. Bauer, Freiburg, 1974

Medhus, Elisa: Von der anderen Seite. Gespräche zwischen Mutter und Sohn. Scorpio, München 2014

Medhus, Erik; Medhus, Elisa: My Life after Death. A Memoir from Heaven. Beyond Words Publishing, Oregon 2015

Meek, Paul: Der Himmel ist nur einen Schritt entfernt. Thanner, München 2002

Moody, Raymond A.; Perry, Paul: Blick hinter den Spiegel. Botschaften aus der anderen Welt. Goldmann, München 1996

Moorjani, Anita: Heilung im Licht. Wie ich durch eine Nahtoderfahrung den Krebs besiegte und neu geboren wurde. Goldmann, München 2015

Morse, Melvin; Perry, Paul: Verwandelt vom Licht. Über die transformierende Wirkung von Nah-Todeserfahrungen. Droemer Knaur, München 1994

Puryear, Anna: Stephen lebt! Leben, Suizid und Jenseits meines Sohnes Stephen. Allegria, Berlin 2007

Ring, Kenneth: Im Angesicht des Lichts. Was wir aus Nahtoderfahrungen für das Leben gewinnen. Ariston, München 1999

Rosa, Tommy; Sinatra, Stephen: Die 8 Prinzipien der Gesundheit. Das verborgene Heilwissen des Himmels. Heyne, München 2017

Sartori, Penny: Nahtoderfahrungen als Neuanfang. Was wirklich wichtig ist im Leben. Aquamarin, Grafing 2015

Scheller, Renate: Tote sind oft sehr lebendig. Jenseits-Kontakt-Berichte. R.G. Fischer Verlag, Frankfurt a.M. 2001

Serwaty, Alois; Nicolay Joachim: Begegnungen mit Verstorbenen? Beiträge aus Wissenschaft und Therapie zu einem tabubesetzten Thema. Santiago, Goch 2011

Smith, Gordon: Mein Blick ins Jenseits. Begegnung mit Verstorbenen. Allegria, Berlin 2009

Sherwood, Jane; T.E. Lawrence: Tagebuch von drüben. Ansata, Interlaken 1996

Sutherland, Cherry: Tröstliche Begegnungen mit verstorbenen Kindern. Eltern berichten. Fischer, München 1998

Van Praagh, James: Abenteuer Seelen Reise. Ansata, München 2015

Van Praagh, James: Jenseitswelten. Erkenntnisse über das Leben nach dem Tod. Arkana, München 2002

Internetseiten

www.after-death.com
www.adcrf.org
www.iadc-therapie.de

Kontakt

Nähere Informationen zum Autor finden Sie unter:
www.sterbeforschung.de
E-Mail: jakoby@sterbeforschung.de

Anmerkungen

1 Guggenheim, Bill und Judy: Trost aus dem Jenseits. Unerwartete Begegnungen mit Verstorbenen. Fischer, München 1997. S. 22.
2 Doore, Gary: Gibt es ein Leben nach dem Tod? Neue Antworten auf alte Fragen. Kösel, München 1994. S 72 f
3 ebd., S. 71
4 Moody, Raymond A.; Perry, Paul: Blick hinter den Spiegel. Botschaften aus der anderen Welt. Kösel, München 1994. S. 7 f.
5 Zitiert nach Hrsg. Serwaty, Alois; Nicolay Joachim: Begegnungen mit Verstorbenen? Beiträge aus Wissenschaft und Therapie zu einem tabubesetzten Thema. Santiago, Goch 2010. S. 162.
6 Kachler, Roland: Meine Trauer wird dich finden, Ein neuer Ansatz der Trauerarbeit. Herder, Stuttgart 2005. S. 136.
7 Zitiert nach Hrsg. Serwaty, Alois; Nicolay Joachim: Begegnungen mit Verstorbenen? Beiträge aus Wissenschaft und Therapie zu einem tabubesetzten Thema. Santiago, Goch 2010. S. 153.

8 Long, Jeffrey; Perry, Paul: Beweise für ein Leben nach dem Tod. Die umfassende Dokumentation von Nahtoderfahrungen aus der ganzen Welt. Goldmann, München 2010. S. 116 f.

9 Ring, Kenneth: Im Angesicht des Lichts. Was wir aus Nahtoderfahrungen für das Leben gewinnen. Ariston, München 1999. S. 293.

10 Long, Jeffrey; Perry, Paul: Beweise für ein Leben nach dem Tod. Die umfassende Dokumentation von Nahtoderfahrungen aus der ganzen Welt. Goldmann, München 2010. S. 30.

11 Guggenheim, Bill und Judy: Trost aus dem Jenseits. Unerwartete Begegnungen mit Verstorbenen. Fischer, München 1997. S. 203 f.

12 ebd., S. 204

13 Jakoby, Bernard: Begegnungen mit dem Jenseits. Zum Phänomen der Nachtod-Kontakte. Rowohlt, Reinbek bei Hamburg 2006. S. 73.

14 Guggenheim, Bill und Judy: Trost aus dem Jenseits. Unerwartete Begegnungen mit Verstorbenen. Fischer, München 1997. S. 28.

15 Zitiert nach Hrsg. Serwaty, Alois; Nicolay Joachim: Begegnungen mit Verstorbenen? Beiträge aus Wissenschaft und Therapie zu einem tabubesetzten Thema. Santiago, Goch 2010. S. 131.

16 Medhus, Elisa: Von der anderen Seite. Gespräche zwischen Mutter und Sohn. Scorpio, München 2014. S. 151

17 Guggenheim, Bill und Judy, Trost aus dem Jenseits. Unerwartete Begegnungen mit Verstorbenen. Fischer, München 1997. S. 48.

18 ebd., S. 53

19 ebd., S. 53

20 Sutherland, Cherry: Tröstliche Begegnungen mit verstorbenen Kindern. Eltern berichten. Fischer, München 1998. S. 34.

21 Guggenheim, Bill und Judy: Trost aus dem Jenseits. Unerwartete Begegnungen mit Verstorbenen. Fischer, München 1997. S. 98 f.

22 Medhus, Elisa: Von der anderen Seite. Gespräche zwischen Mutter und Sohn. Scorpio, München 2014. S. 38.

23 Guggenheim, Bill und Judy: Trost aus dem Jenseits. Unerwartete Begegnungen mit Verstorbenen. Scorpio, München 1997. S. 118.
24 Jell, Lucy: Alex – Die Botschaft aus dem Jenseits. Eine wahre Geschichte. Edition Fischer, Frankfurt a.M. 2008. S. 69.
25 Guggenheim, Bill und Judy: Trost aus dem Jenseits. Unerwartete Begegnungen mit Verstorbenen. Fischer, München 1997. S. 285 f.
26 Smith, Gordon: Mein Blick ins Jenseits. Begegnung mit Verstorbenen. Allegria, Berlin 2007. S. 22.
27 ebd., S. 29
28 John, Thomas: Was Tote über das Leben wissen. Wahrhaftige und unglaubliche Botschaften aus dem Jenseits. Heyne, München 2016. S. 125.
29 ebd., S. 192
30 Smith, Gordon: Mein Blick ins Jenseits. Begegnung mit Verstorbenen. Allegria, Berlin 2007. S. 31.
31 Van Praagh, James: Jenseitswelten. Erkenntnisse über das Leben nach dem Tod. Arkana, München 2002. S. 64.
32 John, Thomas: Was Tote über das Leben wissen. Wahrhaftige und unglaubliche Botschaften aus dem Jenseits. Heyne, München 2016. S. 89.
33 Bitterli-Fürst, Bruno: Tod und Leben. Mit Betrachtungen aus dem Jenseits von Elisabeth Kübler-Ross. Ravare, Ettenheim 2009. S. 91.
34 ebd., S. 77 f
35 Scheller, Renate: Tote sind oft sehr lebendig. Jenseits-Kontakt-Berichte. R.G. Fischer Verlag, Frankfurt a.M. 2001. S. 97.
36 Bitterli-Fürst, Bruno: Tod und Leben. Mit Betrachtungen aus dem Jenseits von Elisabeth Kübler-Ross. Ravare, Ettenheim 2009. S. 95.
37 Greaves, Helen: Zeugnis des Lichts. Ein Erfahrungsbericht vom Leben nach dem Tod. Anthos-Verlag, Hemsbach 1982. S. 47 f.
38 Bitterli-Fürst, Bruno: Tod und Leben. Mit Betrachtungen aus dem Jenseits von Elisabeth Kübler-Ross. Ravare, Ettenheim 2009. S. 65 f.

39 Manning, Matthew: Der Psychokinet. Unter dem Einfluss einer anderen Dimension. Bauer, Freiburg (ohne Jahr). S. 118 f.

40 Jakoby, Bernard: Wir sterben nie. Was wir heute über das Jenseits wissen können. nymphenburger, München 2007. S. 125.

41 Medhus, Elisa: Von der anderen Seite. Gespräche zwischen Mutter und Sohn. Scorpio, München 2014. S. 62 f.

42 Medhus, Erik; Medhus, Elisa: My Life after Death. A Memoir from Heaven. Beyond Words Publishing, Oregon 2015. S. 8 (übersetzt durch den Autor).

43 Kagan, Annie: Das zweite Leben des Billy Fingers. Wie mein Bruder mir aus dem Jenseits bewies, dass es nach dem Tod weitergeht. Heyne, München 2014. S. 23 f.

44 ebd., S. 24

45 Rosa, Tommy; Sinatra, Stephen: Die 8 Prinzipien der Gesundheit. Das verborgene Heilwissen des Himmels. Heyne, München 2017. S 37.

46 Jakoby, Bernard: Gesetze des Jenseits. Botschaften von Gregory. nymphenburger, München 2009. S. 157 ff.

47 Kagan, Annie: Das zweite Leben des Billy Fingers. Wie mein Bruder mir aus dem Jenseits bewies, dass es nach dem Tod weitergeht. Heyne, München 2014. S. 25.

48 ebd., S. 41

49 Moorjani, Anita: Heilung im Licht. Wie ich durch eine Nahtoderfahrung den Krebs besiegte und neu geboren wurde. Goldmann, München 2012. S. 94–97.

50 Bitterli-Fürst, Bruno: Tod und Leben. Mit Betrachtungen aus dem Jenseits von Elisabeth Kübler-Ross. Ravare, Ettenheim 2009. S. 128.

51 Medhus, Erik; Medhus, Elisa: My Life after Death. A Memoir from Heaven. Beyond Words Publishing, Oregon 2015. S. 36 (übersetzt durch den Autor).

52 Van Praagh, James: Abenteuer Seelenreise. Arkana, München 2015. S. 75 f.

53 Medhus, Elisa: Von der anderen Seite. Gespräche zwischen Mutter und Sohn. Scorpio, München 2014. S. 95.

54 Van Praagh, James: Jenseitswelten. Erkenntnisse über das Leben nach dem Tod. Arkana, München 2002. S. 90.

55 Sherwood, Jane; T.E. Lawrence: Tagebuch von drüben. Ansata, Interlaken 1989. S. 23.
56 Jakoby, Bernard: Wir sterben nie. Was wir heute über das Jenseits wissen können. nymphenburger, München 2007. S. 181.
57 Medhus, Erik; Medhus, Elisa: My Life after Death. A Memoir from Heaven. Beyond Words Publishing, Oregon 2015. S. 48 f (übersetzt durch den Autor).
58 Van Praagh, James: Jenseitswelten. Erkenntnisse über das Leben nach dem Tod. Arkana, München 2002. S. 78.
59 Rosa, Tommy; Sinatra, Stephen: Die 8 Prinzipien der Gesundheit. Das verborgene Heilwissen des Himmels. Heyne, München 2017. S 49.
60 Jakoby, Bernard: Wir sterben nie. Was wir heute über das Jenseits wissen können. München 2007. S. 59.
61 Ring, Kenneth: Im Angesicht des Lichts. Was wir aus Nahtoderfahrungen für das Leben gewinnen. Ariston, München 1999. S. 171.
62 Atwater, P.M.H.; Ring, Kenneth: Rückkehr vom Licht. Die Auswirkungen von Nahtoderfahrungen auf Betroffene und Angehörige. Santiago, Goch 2011. S. 67.
63 Ring, Kenneth: Im Angesicht des Lichts. Was wir aus Nahtoderfahrungen für das Leben gewinnen. Ariston, München 1999. S. 182.
64 Brinkley, Dannion: Geborgen im Licht. Die wahre Geschichte des Mannes, der zweimal starb. Knaur, München 2010. S. 49.
65 ebd., S. 53
66 Ring, Kenneth: Im Angesicht des Lichts. Was wir aus Nahtoderfahrungen für das Leben gewinnen. Knaur, München 1999. S. 160.
67 Kagan, Annie: Das zweite Leben des Billy Fingers. Wie mein Bruder mir aus dem Jenseits bewies, dass es nach dem Tod weitergeht. Knaur, München 2014. S. 59 f.
68 ebd., S. 65
69 Jakoby, Bernard: Wir sterben nie. Was wir heute über das Jenseits wissen können. Knaur, München 2007. S. 189 f.

70 Greaves, Helen: Zeugnis des Lichts. Ein Erfahrungsbericht vom Leben nach dem Tod. Anthos-Verlag, Hemsbach 1982. S. 54.

71 Van Praagh, James: Jenseitswelten. Erkenntnisse über das Leben nach dem Tod. Arkana, München 2002. S. 79.

72 Ring, Kenneth: Im Angesicht des Lichts. Was wir aus Nahtoderfahrungen für das Leben gewinnen. Ariston, München 1999. S. 160.

73 Greaves, Helen: Zeugnis des Lichts. Ein Erfahrungsbericht vom Leben nach dem Tod. Anthos-Verlag, Hemsbach 1982. S. 53.

74 Medhus, Erik; Medhus, Elisa: My Life after Death. A Memoir from Heaven. Beyond Words Publishing, Oregon 2015. S. 56 (übersetzt durch den Autor).

75 Medhus, Elisa: Von der anderen Seite. Gespräche zwischen Mutter und Sohn. München 2014. S. 96.

76 Medhus, Erik; Medhus, Elisa: My Life after Death. A Memoir from Heaven. Beyond Words Publishing, Oregon 2015. S. 58 (übersetzt durch den Autor).

77 Kagan, Annie: Das zweite Leben des Billy Fingers. Wie mein Bruder mir aus dem Jenseits bewies, dass es nach dem Tod weitergeht. Heyne, München 2014. S. 30.

78 ebd., S. 24

79 Medhus, Erik; Medhus, Elisa: My Life after Death. A Memoir from Heaven. Beyond Words Publishing, Oregon 2015. S. 63 (übersetzt durch den Autor)

80 Rosa, Tommy; Sinatra, Stephen: Die 8 Prinzipien der Gesundheit. Das verborgene Heilwissen des Himmels. Heyne, München 2017. S 60.

81 Moorjani, Anita: Heilung im Licht. Wie ich durch eine Nahtoderfahrung den Krebs besiegte und neu geboren wurde. Goldmann, München 2012. S. 93.

82 Medhus, Elisa: Von der anderen Seite. Gespräche zwischen Mutter und Sohn. Scorpio, München 2014. S. 116 f.

83 Kagan, Annie: Das zweite Leben des Billy Fingers. Wie mein Bruder mir aus dem Jenseits bewies, dass es nach dem Tod weitergeht. Heyne, München 2014. S. 92.

84 ebd., S. 41 f.

85 Medhus, Elisa: Von der anderen Seite. Gespräche zwischen Mutter und Sohn. Scorpio, München 2014. S. 152.
86 Bitterli-Fürst, Bruno: Tod und Leben. Mit Betrachtungen aus dem Jenseits von Elisabeth Kübler-Ross. Ravare, Ettenheim 2009. S. 141.
87 Puryear, Anna: Stephen lebt! Leben, Suizid und Jenseits meines Sohnes Stephen. Allegria, Berlin 2007. S. 241.
88 ebd., S. 262 f
89 ebd., 263
90 ebd., S. 276
91 ebd., S. 275
92 ebd., S. 290
93 ebd., S. 291
94 ebd., S. 300
95 ebd., S. 330
96 Jakoby, Bernard: Gesetze des Jenseits. Botschaften von Gregory. Rowohlt, München 2009. S. 164 f.
97 Medhus, Erik; Medhus, Elisa: My Life after Death. A Memoir from Heaven. Beyond Words Publishing, Oregon 2015. S. 85 (übersetzt durch den Autor).
98 Barton, Steffany: Das Jenseits ist kein dunkler Ort. Der Weg der Seele nach dem Suizid. nymphenburger, München 2016. S. 132.
99 Edward, John: Ein letztes Mal. Mediale Botschaften aus dem Jenseits. Arkana, München 2002. S. 212 f.
100 Barton, Steffany: Das Jenseits ist kein dunkler Ort. Der Weg der Seele nach dem Suizid. nymphenburger, München 2016. S. 154.
101 Barton, Steffany: Das Jenseits ist kein dunkler Ort. Der Weg der Seele nach dem Suizid. nymphenburger, München 2016. S. 49.
102 ebd., S. 65
103 ebd., S. 88
104 Meek, Paul: Der Himmel ist nur einen Schritt entfernt. Thanner, München 2002. S. 240.
105 Bitterli-Fürst, Bruno: Tod und Leben. Mit Betrachtungen aus dem Jenseits von Elisabeth Kübler-Ross. Ravare, Ettenheim 2009. S. 129.

106 Jakoby, Bernard: Wir sterben nie. nymphenburger, München 2007. S. 240.

107 Medhus, Elisa: Von der anderen Seite. Gespräche zwischen Mutter und Sohn. Scorpio, München 2014. S. 325.

108 Kagan, Annie: Das zweite Leben des Billy Fingers. Wie mein Bruder mir aus dem Jenseits bewies, dass es nach dem Tod weitergeht. Heyne, München 2014. S. 196.

109 Medhus, Erik; Medhus, Elisa: My Life after Death. A Memoir from Heaven. Beyond Words Publishing, Oregon 2015. S. 85 (übersetzt durch den Autor).

110 Alexander, Eben: Blick in die Ewigkeit. Die faszinierende Nahtoderfahrung eines Neurochirurgen. Heyne, München 2013. S. 62.

111 Bieneck, Andreas: Ich habe ins Jenseits geblickt. Nahtoderfahrungen Betroffener und Wege, sie zu verstehen. Neukirchener Aussaat, Neukirchen 2006. S. 72.

112 Van Praagh, James: Jenseitswelten. Erkenntnisse über das Leben nach dem Tod. Arkana, München 2002. S. 92.

113 Sartori, Penny: Nahtod-Erfahrungen als Neuanfang. Was wirklich wichtig ist im Leben. Aquamarin, Grafing 2015. S. 39.

114 Medhus, Erik; Medhus, Elisa: My Life after Death. A Memoir from Heaven. Beyond Words Publishing, Oregon 2015. S. 91 (übersetzt durch den Autor).

115 Van Praagh, James: Jenseitswelten. Erkenntnisse über das Leben nach dem Tod. Arkana, München 2002. S. 93.

116 Bäzner, Erhard: Wo sind unsere Toten? Sehen wir sie wieder? Drei Eichen Verlag, Leipzig 1927. S. 84.

Autorenporträt

Bernard Jakoby, 1957 geboren, gilt im deutschsprachigen Raum als *der* Experte für Sterben und Trauerarbeit und als Nachfolger von Elisabeth Kübler-Ross, der Begründerin der Sterbeforscher. Durch seine Vorträge und Seminare trägt er wesentlich zur Enttabuisierung des Themas Tod bei. Seine Bücher sind Bestseller und wurden in 10 Sprachen übersetzt, u.a.: »Auch du lebst«, »Keine Seele geht verloren« und »Wir sterben nie«.

Der Autor lebt in Berlin.

www.sterbeforschung.de